POLYGLOTT on tour

Südschweden

Die Autorin

Birgit Bock-Schröder

hat in Bonn und Uppsala Skandinavistik studiert und schreibt seit Jahren über den Norden Europas, den sie beruflich wie privat häufig bereist. Besonders eng sind die freundschaftlichen und familiären Beziehungen zu Småland und Südschweden.

Reiseplanung

Land & Leute

Unterwegs in Südschweden

Gotland und Öland

Von der Sonne verwöhnt sind die beiden größten schwedischen Ostseeinseln. Neben den Stränden gibt es viel Geschichte zu entdecken, z.B. die mittelalterliche Stadt Visby oder die rekonstruierte Wehrburg Eketorp.

Karten

Reiseplanung

Die Reiseregionen im Überblick][Die schönsten Touren][Klima und Reisezeit][Anreise][Reisen in Südschweden][Sport und Aktivitäten][Unterkunft

Die Reiseregionen im Überblick

Stockholm liegt rund 650 km nördlich vom Fährhafen Trelleborg entfernt und zählt trotzdem noch zu Südschweden. Schließlich ist es von der Hauptstadt Schwedens bis zur finnischen Grenze ganz im Norden noch einmal doppelt so weit. Aus der Perspektive der Nordschweden ist das südliche Drittel des Landes dicht besiedelt, schließlich leben hier etwa 85 % der Schweden. Aus Sicht eines mitteleuropäischen Urlaubers erscheint aber selbst dieser Teil des Landes dünn besiedelt. Die großen Wälder in Småland, die einsamen Flusstäler in Dalsland und Värmland und die Binnenmeere Vänern und Vättern schaffen ein Gefühl von Weite und Einsamkeit, das Schweden zu einem ganz speziellen Reiseziel macht.

Der Unterschied zu den Nachbarn Norwegen und Finnland, aber auch zum Norden des eigenen Landes ist die ausgeprägte Kulturlandschaft. Die südlichste Provinz **Skåne** wartet mit einer Vielzahl an Schlössern auf, die sie ihrer Jahrhunderte währenden Zugehörigkeit zu Dänemark und der Nähe zu dessen Hauptstadt Kopenhagen verdankt. Skåne, Småland, Bohuslän: die alten Namen der Provinzen sind in Schweden immer noch tief verankert. Die Schweden sprechen aber nicht von Provinzen, sondern von Landschaften. Diese haben mit den aktuellen politischen Strukturen der »Län« genannten Regierungsbezirke kaum etwas zu tun. Småland teilt sich auf drei Läns auf, während das Län »Westschweden« gleich mehrere Landschaften, darunter Bohuslän und Dalsland, geschluckt hat.

Interessanterweise spielen im Tourismus die alten identitätsstiftenden Landschaftsnamen immer noch eine große Rolle. Die südlichste Landschaft **Skåne** beispielsweise ist geprägt durch Landwirtschaft, Fischfang und ihre dänische Vergangenheit, wobei die lebendige Großstadt **Malmö** einen reizvollen Kontrast zur ländlichen Idylle bildet. Der ausgeprägte, breite Dialekt und das Wissen um die historische Sonderstellung machen die Einwohner Skånes zu den Bayern Schwedens. Das angrenzende **Småland** hingegen war lange das Armenhaus Schwedens. Dass es heute weltweit ein positives Image hat, ist dem Handwerk zu verdanken: Die Glaskünstler aus den 15 Glasbläsereien haben ebenso zu dem guten Ruf beigetragen wie das Möbelimperium IKEA, das Ingvar Kamprad aus Älmhult 1943 gründete.

Entlang der **Westküste** locken die langen Sandstrände von Halland mit einer der Nordseeküste ähnlichen Dünenlandschaft, die einen bis **Göteborg** begleiten. Die zweitgrößte Stadt des Landes hat u.a. wegen ihrer Museen und ihres Hafens einen längeren Aufenthalt verdient. In Bohuslän nordwestlich von Göteborg wandelt sich dann das Bild der

Küste, das hier von den tausenden von Schäreninseln bestimmt wird. Im Landesinneren schließt sich der **waldreiche Westen** an. **Dalsland** und **Värmland** durchziehen immer tiefer werdende Wälder, die von langen Tälern unterbrochen werden. Oft ist es schwer zu erkennen, ob darin ein Fluss fließt oder ein stiller See liegt, denn viele Seen sind in diesem Landesteil lang und schmal. Ganz anders verhält es sich mit dem **Vänern;** der größte See des Landes hat fast meerartigen Charakter und sogar eine eigene Schärenlandschaft. Die natürlichen Gewässer verband man mittels Kanälen zu Transportwegen. Vom Vänern gelangt man über den Dalsland-Kanal nach Norwegen und auch der Göta-Kanal, der berühmteste Kanal des Landes, der im 19. Jh. erstmals eine Inlandsverbindung per Schiff zwischen Stockholm und Göteborg gewährleistete, bezieht den See mit ein. Heute werden die historischen Wasserstraßen hauptsächlich von Freizeitbooten genutzt.

Folgt man dem Göta-Kanal in Richtung Osten erreicht man das **Land der Svear,** des altschwedischen Volkes. Die Regionen um den See Mälaren haben mit ihren Bodenschätzen zum Reichtum des Landes beigetragen. Gleichzeitig gibt es nirgendwo sonst in Skandinavien mehr Schlösser und Herrenhöfe als im Umland von Stockholm – die Großmachtzeit im 17. Jh. lässt grüßen. Schlösser sind dann lediglich ein Punkt auf der langen Liste mit Gründen für einen ausgedehnten Besuch der Landeshauptstadt **Stockholm.** Diese bietet durch ihre einmalige Lage zwischen Mälaren und Ostsee außerdem gute Erholungsmöglichkeiten. Den Entspannungsfaktor kann man bei einem Urlaub auf den Ostseeinseln **Gotland** oder **Öland** noch einmal wesentlich erhöhen, wo Einsamkeit, Natur und Strände locken.

Im Kattegat vor Göteborg erstreckt sich ein Schärengarten

Die schönsten Touren

Entlang der Ostsee-Küste in einer Woche

(1) Malmö › Trelleborg › Ystad › Kivik › Kristianstad › Karlskrona › Kalmar › Oskarshamn › Söderköping › Nyköping › Stockholm

Distanzen:

Malmö › Ystad ca. 1,5 Std.; **Ystad › Kristianstad** ca. 2,5 Std.; **Kristianstad › Kalmar** ca. 3 Std.; **Kalmar › Söderköping** ca. 3 Std.; **Söderköping › Stockholm** ca. 3 Std.; Gesamtlänge ca. 750 km; die Angaben beziehen sich auf die Fahrtzeit mit dem Auto.

Verkehrsmittel:

Schweden ist ein Reiseziel, das in erster Linie mit dem Auto besucht wird. Mit öffentlichen Verkehrsmitteln ist diese Tour mit hohem Planungsaufwand verbunden und nur mit regionalen Bussen machbar.

Ob Sie über die Öresundbrücke bei Malmö Schweden von Dänemark aus erreichen oder bequem über Nacht mit den Fähren von Travemünde und Rostock nach Trelleborg übersetzen – der Einstieg in diese Rundreise liegt am südlichsten Zipfel Schwedens. Vier Tage sollte man für die Tour mindestens einplanen, Urlaub wird es bei sieben Tagen.

****Malmö** › S. 48 lässt sich an einem Tag erschließen, ob bei einem Bummel durch die Innenstadt oder im neuen Viertel Västra Hamnen mit dem spektakulären Hochhaus »Turning Torso«. In **Trelleborg** › S. 51 lohnt die gleichnamige Wikingerburg – eine Rekonstruktion an historischer Stätte – einen Stopp. Krimifans können im mittelalterlichen ****Ystad** › S. 52 nächtigen und dann auf den Spuren von Kommissar Wallander wandeln. Sandstrände und Steilküste wechseln sich zwischen Ystad und ***Simrishamn** › S. 53 ab. Spaziergänge in Kåseberga hinauf zu Ales Stenar, gern auch als »Stonehenge des Nordens« bezeichnet, und im Nationalpark Stenshuvud bei ***Kivik** › S. 53 verschaffen einmalige Naturerlebnisse. Abstecher ins Landesinnere zur Festung Glimmingehus zeigen, wie strategisch bedeutend die Region durch die Jahrhunderte war – ob unter dänischer oder schwedischer Herrschaft.

Karte Umschlag hinten

Nördlich von Kivik passiert man die Ebene bei ***Åhus** › S. 54 und erreicht den Übernachtungsstopp **Kristianstad** › S. 55. Fährt man weiter nach Osten, ist die Küste von der E22 aus nicht zu sehen. Kurze Abstecher führen von dieser zu den Sandstränden von Blekinge. Ab Karlshamn ändert sich langsam die Küstenlandschaft: Hier beginnt der sog. Schärengarten aus Tausenden kleinen Inseln und Schären, die die Ufer der Ostsee säumen. *****Karlskrona** › S. 62 ist dann marinehistorisch äußerst interessant; die Festungsanlagen stehen als Welterbe unter dem Schutz der UNESCO. Die bekannteste Sehenswürdigkeit der darauf folgenden Universitätsstadt ****Kalmar** › S. 63 ist das Schloss, das direkt am Meer erbaut wurde. Die Stadt eignet sich zudem gut zum Übernachten und als Ausgangspunkt für eine Tagestour auf die Insel **Öland** › S. 137 oder ins **Glasreich** › S. 64.

Die sich nach Norden ausbreitende Einsamkeit wird nur unterbrochen in ***Oskarshamn** › S. 70, von wo die Fähren nach Gotland starten, oder der hübschen Kleinstadt ***Västervik** › S. 70. Das ändert sich wieder, wenn ****Söderköping** › S. 109 am Göta-Kanal erreicht ist. Hier bietet sich eine klassische Schweden-Idylle: Kurhotel mit Park, Freizeitboote im Kanal und Restaurants am Ufer.

Auf dem Weg nach Stockholm kann man entweder über **Norrköping** › S. 109 und die Autobahn fahren oder, was schöner ist, die kleine Fähre bei Östra Husby über die Bucht Bråviken nehmen. Auch in der Folge gibt es mehrere Möglichkeiten, die Autobahn zu meiden. Eine attraktive Variante führt von Nyköping auf der Küstenstraße 219 über Schloss Nynäs und das Naturreservat Stendörren nach Vagnhärad und weiter nach ***Trosa** › S. 110 mit seinem lebhaften Hafen. Ein Stück weiter nördlich wartet dann das schöne **Schloss Tullgarn** › S. 105.

Die Hauptstadt ****Stockholm** › S. 117 ist ein Reiseziel für sich, für das man sich mindestens zwei Tage Zeit nehmen sollte. Mit Ausflügen kann man gut drei bis vier Tage füllen.

Malmös Turning Torso schraubt sich 190 m hoch in den Himmel

Karte Umschlag hinten

Vom Kattegatt in die Wälder Värmlands in einer Woche

2 Malmö › Halmstad › Varberg › Göteborg › Tanum › Ed › Bengtsfors › Arvika › Sunne › Karlstad

Distanzen:
Malmö › Göteborg ca. 3 Std.; **Göteborg › Tanum** ca. 3,5 Std.; **Tanum › Bengtsfors** ca. 1,5 Std.; **Bengtsfors › Sunne** ca. 3 Std.; **Sunne › Karlstad** ca. 1 Std.; alle Angaben reine Fahrzeit mit dem Auto.

Verkehrsmittel:
Von Malmö nach Göteborg kommt man zwar gut mit der schwedischen Bahn, aber der dann folgende Teil der 760 km langen Tour ist eigentlich nur mit dem Auto sinnvoll zu bewältigen.

Zu schaffen ist die Reise in zwei Tagen, man sollte sich jedoch am besten eine Woche Zeit dafür nehmen. Ausgangspunkt ist ****Malmö** › S. 48, wo neben den modernen Highlights im Viertel Västra Hamnen auch das Stadtzentrum einen Stopp verdient. In ***Landskrona** › S. 55 beeindruckt dann vor allem die Zitadelle am Hafen. Mit **Helsingborg** › S. 56 erreicht man den nach Trelleborg zweitwichtigsten Fährhafen Südschwedens. Vom Turm Kärnan im Zentrum kann man schön über

Endlose Wälder und unzählige Seen sind die Trümpfe Värmlands

den schmalen Öresund bis hinüber zu Hamlets Schloss im dänischen Helsingør schauen. Ein Abstecher auf die Halbinsel Kullen endet auf dem 187 m hohen Kullaberg, der den Übergang von Öresund zu Kattegatt markiert.

Nachdem zwischen **Ängelholm** › S. 79 und **Båstad** › S. 79 der Höhenzug Hallandsåsen überwunden ist, wird das Land flach. Hier beginnen weitläufige Sandstrände mit teilweise hohen Dünen, die sich über ***Halmstad** › S. 79 und **Falkenberg** › S. 80 bis nach **Varberg** › S. 80 ziehen – bei Sonnenwetter verlocken sie zum Bleiben. Varbergs massive Festung erinnert daran, dass diese Region zwischen Schweden und Dänemark-Norwegen lange umstritten war. Nun sind buckelige Schären der Küste vorgelagert, entlang derer man sich ****Göteborg** › S. 81, Schwedens zweitgrößter Stadt nähert. Sie landet in Umfragen unter jungen Leuten als Partyhochburg regelmäßig auf den ersten Plätzen, und wer hier übernachtet, kann die Szene testen.

Viel Zeit sollten Sie sich dann für die nördlich angrenzende Region Bohuslän nehmen. Die Mischung aus Segler-Paradies, Fischerhäfen und einzigartigen Felszeichnungen lohnt mehr als nur einen flüchtigen Blick. Wer auf den Landstraßen über die Inseln **Tjörn** › S. 86 und **Orust** › S. 89 fährt, benötigt viel mehr Zeit, als die Kilometerangaben zunächst vermuten lassen. Alte Badeorte wie ***Lysekil** › S. 89 oder ***Smögen** › S. 89 laden zum Bleiben; sie wechseln sich ab mit der Fischerdörfern oder ehemaligen Granitsteinbrüchen wie bei Bovallstrand.

Bei *****Tanumshede** › S. 91 ist eines der großartigsten Gebiete mit Felszeichnungen zu finden, von denen es in Bohuslän mehrere gibt. Am nächsten Tag glangt man auf dem Weg ins Inland nach **Ed** › S. 98 am südlichen Ende des schmalen, aber 60 km langen Sees Stora Le. Der benachbarte Lelång bei ***Bengtsfors** › S. 99, der nächsten Übernachtungsstation, ist ähnlich lang und noch schmaler. Diese eiszeitlichen Rinnen sind typisch für Dalsland, das Land der Täler. Sie bilden ein ideales Revier für Wassersportler, v.a. Kanuten. Der ****Dalsland-Kanal** › S. 98 verbindet diese Seen höchst geschickt mit nur 12 km echtem, also gegrabenem Kanal. Von Bengtsfors aus sollte man einen Abstecher nach **Håverud** › S. 98 machen, wo der Kanal in einem stählernen Aquädukt über eine Stromschnelle führt.

Über Årjäng geht der Weg weiter nach Norden bis **Arvika** › S. 99. Das örtliche Rackstad-Museum ist einer Künstlerkolonie gewidmet, die sich zu Begin des 20. Jhs. ähnlich wie die Skagen-Maler von der Natur inspirieren ließen. In der Nähe von **Sunne** › S. 100 am Frykensee, dem letzten Übernachtungsort vor dem Ziel, lebte die Schriftstellerin Selma Lagerlöf. Deren noch original eingerichtetes Wohnhaus sollte man nicht verpassen. Die Tour endet in ***Karlstad** › S. 101, der Hauptstadt Värmlands. Sie verdankt ihre Entstehung der Lage an der Mündung des Flusses Klarälven in den Vänern.

Touren in den Regionen

Touren in der Region	Region	Dauer	Seite
Skåne für Fischliebhaber	Skåne und Malmö	2 Tage	45
Zur Halbinsel Kullen	Skåne und Malmö	2 Tage	47
Durch das Glas- und Möbelreich	Småland und Blekinge	2–3 Tage	58
Eine Runde um den Vättern	Småland und Blekinge	2–3 Tage	59
Die schönsten Badespots entlang der Küste von Halland	Die Westküste und Göteborg	1–2 Tage	77
Inselhopping in Bohuslän	Die Westküste und Göteborg	2–3 Tage	77
Am Dalsland-Kanal	Im waldreichen Westen	1 Tag	93
Durch die Wälder Värmlands	Im waldreichen Westen	2–3 Tage	94
Schlösser und Adel	Im Land der Svear	3 Tage	104
Auf den Spuren der Industrie-geschichte	Im Land der Svear	2–3 Tage	105
Spaziergang durch Gamla Stan	Stockholm	2 Std.	118
Museumstour zur Insel Djurgården	Stockholm	3–5 Std.	119
Eine Runde über Gotland	Gotland und Öland	2 Tage	129
Fahrt über Öland	Gotland und Öland	2 Tage	130

Klima und Reisezeit

Wenn jenseits des Polarkreises die Sonne gar nicht mehr untergeht und selbst im Süden Schwedens nur kurze Dämmerstunden die Tage trennen, dann ist Sommer. Von den Schweden macht, wer irgendwie kann, dann vier Wochen Urlaub am Stück. Raus aufs Land oder an die Küste und den Sommer genießen! Doch bereits ab Mitte Mai sind die Abende wunderbar lange hell. Warm bleibt's bis in den September hinein. Der Golfstrom sorgt für ein allgemein mildes Klima. Häufig gelangt Südschweden unter kontinentalen, osteuropäischen Hochdruckeinfluss, dann sind die Tage im Sommer sehr warm und trocken, im Winter knackig kalt. Generell muss im Verlauf von 24 Stunden mit stark schwankenden Temperaturen gerechnet werden. Die Sommernächte sind eher kühl.

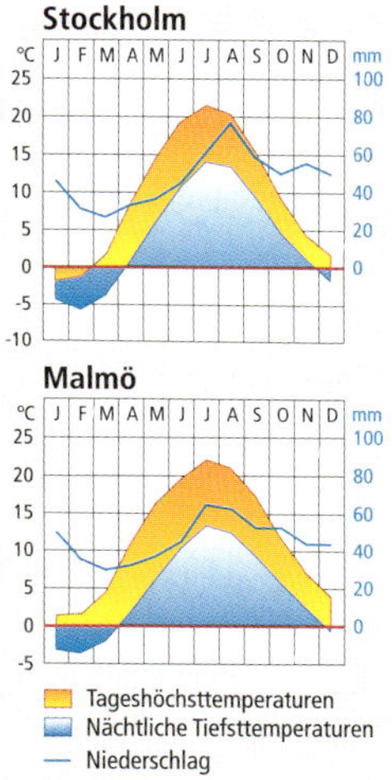

Auch der Winter im Süden von Schweden hat seine Reize: Im Januar und Februar sind Langlauftouren auf Schlittschuhen über die zugefrorenen Seen, auf dem Göta-Kanal und über das Eis zwischen den Stockholmer Schären Volkssport. Ab Mitte November locken sehr stimmungsvolle Weihnachtsmärkte auf dem Land wie in den Städten. Zu jeder Jahreszeit lohnen sich Städtetrips nach Stockholm, Göteborg und Malmö.

Anreise

Mit dem Auto

Ohne Wasserüberquerung kommt man nicht nach Schweden. Direkte Fährverbindungen mit mehreren Abfahrten täglich von Deutschland nach Schweden sind:

- **Sassnitz** (Rügen)–**Trelleborg** (Scandlines, www.scandlines.de, Fahrzeit ca. 4–5 Std.)
- **Rostock–Trelleborg** (TT-Line: www.ttline.com, Scandlines; ca. 6 Std.)
- **Travemünde–Trelleborg** (TT-Line; 8–10 Std.)
- Nur nachts: **Kiel–Göteborg** (Stena Line, www.stenaline.com, 12 Std.)

Wer die Seereise kurz halten möchte, muss die sogenannte **Vogelfluglinie** durch Dänemark wählen. Sie besteht aus einer 45-minütigen Fährpassage (Scandlines) zwischen Puttgarden (Fehmarn) und Rødby (Dänemark) und überquert alle übrigen Sunde auf Brücken. Kostenpflichtig ist die feste Tunnel-Brücken-Verbindung über den Öresund zwischen Kopenhagen und Malmö (www.oresundsbron.com).

Flugzeug und Bahn

Den Himmel über Schweden teilen sich SAS/Lufthansa u.a. mit Easyjet, Norwegian, Tuifly und WelcomeAir. Neben den beiden großen internationalen Airports Stockholm-Arlanda und Göteborg-Landvetter werden inzwischen von Deutschland, Österreich und der Schweiz aus auch kleinere Airports mit sogenannten Billig-Airlines angeflogen. Beispiele sind die Provinz-Flughäfen Växjö in Småland (www.flysmaland.com) und Skavsta (www.skavsta.se/en) im Süden von Stockholm. Im Sommer gibt es außerdem Direktflüge nach Jönköping in Småland sowie nach Visby auf Gotland.

Per **Bahn** reist man via Kopenhagen (Direktzug ab Paris, Hamburg). Von dort aus geht es weiter mit dem Pendelzug über die Öresund-Brücke nach Malmö oder mit dem Hochgeschwindigkeitszug X2000, der in Malmö, Alvesta, Nässjö, Linköping und Norrköping stoppt. An allen fünf Bahnhöfen hat man gute Anschlüsse per Bahn und Bus ins Hinterland. Von Berlin verkehrt im Sommer täglich der »Berlin Night Express« mit bequemen Schlaf- und Liegewagen in rund neun Stunden nach Malmö (www.berlin-night-express.com).

Reisen in Südschweden

Fliegen ist in Schweden seit Jahrzehnten die selbstverständlichste Art, die teilweise großen Distanzen zu überwinden. Das innerschwedische Linienflugnetz verbindet 41 Flughäfen miteinander (www.flygtorget.se, nur auf Schwedisch). Anbieter innerschwedischer Flüge sind neben SAS (www.flysas.com) auch die Airlines Skyways (www.skyways.se) und MalmöAviation (www.malmoaviation.se).

Im Vergleich zum sehr dünn besiedelten Norden, verfügt Südschweden über ein verhältnismäßig dichtes Netz an **Bus- und Bahn-Verbindungen.** Das Reiseportal www.resplus.se bietet Fahrplanauskunft für öffentliche Verkehrsmittel auch in deutscher Sprache. Tickets bucht man direkt bei den Anbietern: SJ (Tel. +46/771/75 75 75), Tågkompaniet (Tel. +46/771/444 111) und Veolia (Tel. +46/771/26 00 00).

Echt gut!

Mit Interrail-Tickets und dem neuen »Interrail Ein-Land-Pass« der Deutschen Bahn kann man **Schweden günstig mit dem Zug bereisen.** Den Ein-Land-Pass gibt es mit einer Gültigkeitsdauer für drei, vier, sechs oder acht Tage innerhalb eines Monats (8-Tage-Pass ca. 189 € für Jugendliche, 290 € für Erwachsene).

Special

Unterwegs mit Kindern

Kinder wollen gefordert sein. Es geht ihnen gut, wenn sie ihren Entdeckerdrang befriedigen können. Das gilt für 2-jährige Sandburgenbauer wie für 10-jährige Kanukapitäne. Südschweden ist ein herrliches Entdeckerland für Familien. Das fängt schon bei der Unterkunft an, denn Ferienhaus- oder Campingurlaube › S. 22 bieten für Kinder entsprechendes Unterhaltungspotenzial. Naturerlebnisse kann man leicht noch einmal intensivieren: Eine mehrtägige Camping-Radtour auf Gotland oder den Besuch im Elchpark Grönåsen › S. 65 finden die meisten Kinder spannend.

Auch kommt das Land beim Freizeitprogramm der Urlaubskasse von Familien entgegen. Die meisten Besuchsziele bieten **Familieneintrittskarten** (*familjebiljett*) an, die sich in aller Regel schon für zwei Erwachsene (*vuxen*) und ein Kind (*barn*) lohnen!

Ferien mit Pippi Langstrumpf

Außerdem ist Schweden die Heimat von Astrid Lindgren, der großen Kämpferin für die Rechte der Kinder, die ihr Land nachhaltig geprägt hat. In Vimmerby in Småland hat sie ihre Jugend verbracht. Dorthin pilgern junge und jung gebliebene Fans, um im Park **Astrid Lindgrens Värld** Pippi & Co. zu treffen. Die Stationen dieses riesigen Spiel- und Spaßplatzes heißen Villa Kunterbunt, Krachmacherstraße, Bullerbü usw. Schauspieler mimen die Helden der Bücher und laden zum Toben und Spielen ein. Während in Astrid Lindgrens Welt die Besucher selbst agieren, ist ein Besuch in **Juni-Backen** in Stockholm eher passiv. Kern der dennoch sehenswerten Ausstellung ist eine Fahrt mit einer Gondelbahn durch die Welten der Bücher: Da droht ein feuriger Drache den Gebrüdern

Kleine Wikinger im Fotevikens Museum in Höllviken

Löwenherz und Karlsson fliegt vom Dach. Die Villa Kunterbunt aus den Filmen steht im Freizeitpark **Kneippbyn** bei Visby. Überhaupt wird aufmerksamen Fans auffallen, dass viele Szenen der Pippi-Filme in Visby und auf Gotland gedreht wurden.

■ **Astrid Lindgrens Värld**
59885 Vimmerby][www.alv.se
Zweite Maihälfte tgl. 10–17 Uhr,
Juni–Ende Aug. tgl. 10–18 Uhr,
im Sept. Fr Sa, So 10–17 Uhr;
Eintritt je nach Saison:
Erw. 215–335 SEK,
Kinder 155–225 SEK,
Familienkarte (2 Erw. und maximal 3 Kinder) 695–1065 SEK.

■ **Kneippbyn**
Kneippbyn 15, Visby (Gotland)
www.kneippbyn.se
Ende Mai–Aug. tgl. mind. 10–17 Uhr;
Eintritt: 150–245 SEK.

■ **Juni-Backen**
Galärvarvsvägen, Stockholm
(Insel Djurgården)
www.junibacken.se
Juni und 2. Hälfte Aug. tgl. 10–17,
Juli–Mitte Aug. 10–18, sonst Di–So
10–17 Uhr; Eintritt: Erw. 1450 SEK,
Kinder 125 SEK.

Nachwuchsforscher gesucht

Viele Museen und Ausstellungen in Schweden sind ganz bewusst für Kinder und Jugendliche gemacht und Museumsdörfer wie die Siedlung in der **Fluchtburg Eketorp** › S. 138 auf Öland oder das Wikingerlager **Hornbore by** begeistern Kinder, weil sie dort selbst in Aktion treten dürfen. Spannende Multimedia-Abteilungen, z.B. im **Vasa-Museum** in Stockholm › S. 124, im **Universeum** in Göteborg › S. 82 oder im **Vitlycke Museum** › S. 91 ergänzen oft die Museumsausstellungen und machen den Besuch interessant für Heranwachsende. Gar nicht simuliert, sondern in Echt nachempfinden kann man Geschichte im Wikingerdorf **Foteviken,** das im Sommer an der Südwestküste zwischen Trelleborg und Malmö lebendig wird.

■ **Eketorp Borg**
38065 Degerhammwww.eketorp.se
Mai–Juni und zweite Hälfte Aug. tgl.
11–17, Juli–Mitte Aug. 10.30–18 Uhr.

■ **Hornbore by**
Rörvik 617][Hamburgsund
www.hornboreby.se
Mobil-Tel. 070/397 10 66 .

■ **Fotevikens Museum**
Museivägen][24, Höllviken
www.foteviken.se
Tel. 040/33 08 00,
großer Wikingermarkt Ende Juni/
Anfang Juli

Sport und Aktivitäten

Die weitläufige Naturlandschaft ist für Mitteleuropäer die größte Attraktion Schwedens. Stundenlang unterwegs sein zu können, ohne auch nur in die Nähe größerer Städte zu kommen, ist normal in diesem Land, hat aber für Gäste aus der Mitte des Kontinents fast schon etwas Abenteuerliches.

Generell ist die Natur leicht zugänglich, und alle Aktivitäten sind nach Laune und Fähigkeit wohl dosierbar. Man muss kein Outdoor- oder Survivalspezialist sein, um in den Genuss intensiver Erlebnisse zu kommen.

Wandern

Über die zahllosen Wandermöglichkeiten auf ausgewiesenen Wegen informieren die regionalen oder örtlichen Touristbüros. Fast jede Gegend ist per pedes erschließbar. Übernachtet wird entweder im *vandrarhem*, den Jugendherbergen in ihrer ursprünglichen Funktion als »Wandererheime«, in Hotels oder auf Campingplätzen › S. 22. Mit entsprechender Rücksichtnahme kann man auch Gebrauch vom Jedermannsrecht › S. 21 machen und sein Nachtlager in der freien Natur aufschlagen.

Wanderungen versprechen herrliche Landschaftserlebnisse

Radfahren

Auf den wenig befahrenen Straßen macht Fahrradfahren Spaß. Der Radweg »Sverigeleden« durchzieht auf verschiedenen Routen das ganze Land (deutschsprachige Infos: http://hem.passagen.se/gfried/sverige1.htm). Immer mehr Regionen erhalten gut ausgebaute Streckennetze. Vorreiter sind Skåne, Halland, Bohuslän, Värmland und Gotland. Besonders auf Gotland ist der Verleih von Fahrrädern und Zubehör vorbildlich organisiert.

Echt gut! Eine Besonderheit im schwedischen Freizeitangebot sind **Fahrten mit dem Schienenfahrrad, der Draisine.** In Värmland (www.dvvj.com), Dalsland › S. 88 und Skåne (www.dressincykling.se) gibt es längere, stillgelegte Bahnstrecken (20–80 km).

Am und auf dem Wasser

Schwedens Gewässer sind ideal für **Kanutouren** › Special S. 87. Praktisch überall gibt es Verleihstellen. Wer mehrere Tage unterwegs sein möchte, sollte beim Kanuverband ein Verzeichnis der autorisierten Zentralen anfordern, die Boote und Ausrüstung für längere Touren vermieten und Tipps für die Routenplanung geben (Info: Svenska Kanotförbundet, www.kanot.com). Ideal für Kanus wie Motorboote sind Dalslands-, Strömsholms- und Göta-Kanal. Etwas rarer sind die Möglichkeiten, per **Floß** unterwegs zu sein. Meist werden Pontonflöße verwendet. Richtig romantisch wird es, wenn es – nach harter Arbeit beim Zusammenfügen der Holzstämme – mit 2 km/h **auf dem selbst zusammengebauten Floß flussabwärts** geht. Info:

Echt gut!

Vildmark i Värmland

Box 209][68525 Torsby][Tel. 05 60/140 40][www.vildmark.se

Seen, Flüsse und Kanäle laden zu ausgedehnten Kanufahrten ein

Angler brauchen in der Regel eine Lizenz (*fiskekort*) für das betreffende Gewässer. Sie ist beim örtlichen Verkehrsamt erhältlich, oft auch in nahe gelegenen Geschäften. Zum Fischen im Meer und in den großen Seen Vänern, Vättern, Mälaren und Hjälmaren hingegen ist eine solche Erlaubnis nicht nötig.

Am Strand von Halmstads Nachbarort Tylosand

Sand- und Strandurlaub

Von den Tausenden Küstenkilometern sind einige sehr geeignet für Badeurlaub am Sandstrand, nicht nur weil an vielen die Blaue Flagge für gute Wasserqualität weht. Breite, weiße Traumstrände finden sich an der Südostküste Skånes. Manche Strandabschnitte zwischen Ystad und Simrishamn gelten noch als echte Geheimtipps. Recht beliebt sind die sehr seicht abfallenden und damit sehr kinderfreundlichen Strände von Ölands Westküste. Südlich der Ölandbrücke reihen sich Feriendörfer und Campinganlagen (früh buchen!) aneinander. Sehr zu empfehlen sind die Sandstrände um Tofta auf Gotland. Ganz kurze Wege zwischen Unterkunft und Strand gibt es auch um Halmstadt. Die Binnenseen liefern oft Trinkwasser und sind dementsprechend sehr sauber.

Jedermannsrecht

Nach dem »allemansrätt« durften früher Kuriere und andere Reisende, die in Schweden unterwegs waren, ihren Weg auch über fremden Grundbesitz fortsetzen, wenn es die Fahrtroute erforderlich machte. Außerdem durften sie ihr Nachtlager überall aufschlagen und ihren Hunger an dem stillen, was die Natur zu bieten hatte. Mit einer Portion gesunden Menschenverstandes dürfte eine Übertragung dieses alten Gewohnheitsrechts auf gegenwärtige Verhältnisse nicht schwer fallen: Wer rücksichtsvoll mit der Natur umgeht, darf sich auch darin aufhalten. Dass man keine Bäume fällt, seinen Abfall mitnimmt und sich nicht häuslich für mehrere Tage an einem Lagerplatz einrichtet, dürfte zu den Selbstverständlichkeiten gehören. Im Zweifelsfall immer für die Umwelt!

Unterkunft

Pensionen und kleine Gasthöfe sind in Schweden bislang eher selten; die Grundpfeiler des Angebots stellen Hotels (oft in Ketten zusammengeschlossen), Ferienhäuser und Campingplätze dar.

Ferienhäuser

Ehemalige Katen und Bauernhäuser mit ihrem individuellen Charme werden heute als Ferienhäuser vermietet. Als Klassiker gilt die rote *stuga*, das Holzhaus im Wald oder in Seenähe mit weiß angemalten Fenstern und Giebelkanten. Da sich die Häuser überwiegend in Privatbesitz befinden, variiert der Standard von der Einzimmerhütte bis zum Luxusdomizil. Mieten kann man eine stuga sowohl bei den großen Ferienhausanbietern wie bei den regionalen Touristenbüros. Neben den Vermietern vor Ort empfiehlt sich ein Blick in die Kataloge der großen Ferienhausvermittler Novasol (www.novasol.de), Dancenter (www.dancenter.de) und TUI-Wolters-Reisen (www.tui-ferienhaus.de), die Tausende von Häusern anbieten.

Smålands Turism AB

Box 1027][55111 Jönköping][Tel. 036/35 12 70][www.visit-smaland.com

Echt gut! Die Ferienhaus-Vermittlung verfügt über **ein großes Kontingent an Privat-Häusern,** die man auch online buchen kann.

Camping

Das unmittelbare Naturerlebnis macht Camping zu einer der beliebtesten Übernachtungsalternativen – nicht nur im Sommer. Meist in

Ferienhäuser direkt am Wasser, die perfekte Urlaubsunterkunft

schönster Lage sind die Plätze, die dem SCR, dem schwedischen Campingverband, angeschlossen sind. Mit ihrem Hüttenangebot sind viele Anlagen auch für Urlauber ohne Zelt oder Wohnmobil interessant. Zur Nutzung der SCR-Anlagen ist die Campingcard Scandinavia erforderlich, die für 140 SEK beim SCR bestellt oder auf dem Campingplatz gekauft werden kann (Info: www.scr.se, www.camping.se).

Jugendherbergen

Preiswert und gut wohnt man im *vandrarhem,* der schwedischen Jugendherberge.

- **Svenska Turistföreningen STF**
Box 17251][10462 Stockholm
Tel. 08/463 21 00][www.stfturist.se
Die STP ist Mitglied der International Youth Hostel Federation und betreibt über 300 Häuser.

- **Sveriges Vandrarhem i Förening**
Box 199][37124 Karlskrona
Tel. 04 13/55 34 50][www.svif.se
SVIF ist eine Organisation unabhängiger Jugend- und Familienherbergen mit ca. 200 Häusern im ganzen Land.

Hotels

Die Preise für Hotelübernachtungen liegen zwischen Mitte Juni und Mitte August wegen ausbleibender Geschäftsreisender wesentlich unter dem Normaltarif. Dann kosten Doppelzimmer in erstklassigen Stadthotels etwa um 100 € (1000 SEK). Hotelschecks, die in Reisebüros oder im Internet gekauft werden können, sind eine Möglichkeit, relativ günstig mit Komfort zu wohnen.

Echt gut!

Ein gutes Preis-Leistungs-Verhältnis bieten Countryside Sweden Hotels. Viele der rund 40 teils mehrfach ausgezeichneten Häuser bieten preisgüstige Arrangements und Pauschalen (www.countrysidehotels.se).

Echt gut!

Die schönsten Hotels

- Urban, innovativ, cool und zentral: Das **Hotel Nordic Light** ist perfekt für den Stockholm-Städtetrip › S. 126
- Im **Design Hotellet** in Värnamo haben Größen des schwedischen Möbeldesigns die Suiten eingerichtet. › S. 69
- Oberhalb des Fischerhafens des pittoresken Ortes Arild liegt das **Hotel Rusthållergården.** Die Zimmer sind über mehrere Villen in Hanglage verteilt, die meisten haben Ausblick auf das Kattegatt. Das Restaurant pflegt die kulinarischen Traditionen Schonens. › S. 56
- **Sikfors Herrgård** liegt unweit von Schwedens heimlichem Gourmet-Mekka Grythyttan. Die Zimmer des schönen Herrenhofs genießt man vor wie nach dem Mahl › S. 102
- Ein Muss für Romantiker: Von **Gripsholms Värdshus** in Mariefred hat man einen herrlichen Blick auf Schloss Gripsholm. Das Restaurant hat Gourmet-Niveau, die Preise sind entsprechend. › S. 111
- Das einfache **Tofta Strandpensionat** auf Gotland liegt am Strand direkt an den Dünen und der Preis stimmt auch. Die tolle Lage wiegt die sehr schlichten Zimmer auf. › S. 135

Land & Leute

Steckbrief][Geschichte im Überblick][
Natur und Umwelt][Die Menschen][
Kunst und Kultur][Feste und
Veranstaltungen][Essen und Trinken

Steckbrief

Süd-schweden

Fläche: 450 000 km²
Größte Seen: Vänern (5585 km²), Vättern (1912 km²), Mälaren (1140 km²), Hjälmaren (484 km²)
Bevölkerung: insgesamt 9,4 Mio. bei durchschnittlich 20 Einw./km², davon leben ca. 85 % in Südschweden; Stadt-/Landverteilung: 83 % / 27 %

Bevölkerungsreichste Gebiete: Großraum Stockholm: 2 Mio., Öresundregion um Malmö/Helsingborg und Großraum Göteborg: je 800 000
Landesvorwahl: 00 46
Währung: Schwedische Krone (SEK)
Zeitzone: MEZ

Lage

Auf zwei Seiten von Nord- und Ostsee umgeben, bildet Südschweden den südlichsten Zipfel der Skandinavischen Halbinsel. In nördlicher Richtung reicht der Landesteil etwa bis zur Linie Stockholm – Oslo. Dieses Gebiet macht ca. ein Drittel der Fläche des ganzen Landes aus.

Politik und Verwaltung

Schweden ist eine konstitutionelle Monarchie mit parlamentarischer Regierungsform. Staatsoberhaupt König Carl XVI. Gustaf erfüllt nur repräsentative Aufgaben. Alle vier Jahre werden die Abgeordneten des Parlaments, des Reichstags, gewählt. Bei den Parlamentswahlen 2010 wurde das Bündnis bürgerlich-konservativer Parteien bestätigt, das 2006 die seit 1994 regierenden Sozialdemokraten abgelöst hatte. Die öffentliche Hand trägt die schwedischen Sozialleistungen in den Bereichen Bildung und Erziehung, Kranken- und Altenpflege sowie Umweltschutz. Auch arbeitsmarkt- und wirtschaftspolitische Maßnahmen werden aus Steuereinnahmen finanziert. Schwedens Beitritt zur EU 1995 zielt auf eine wirtschaftliche Integration des Exportlandes in starke Wirtschaftsbündnisse. Gleichzeitig sieht man sich als aktiven Mittler zwischen Ost- und Mitteleuropa. 2003 votierte die Bevölkerung gegen die Einführung des Euros, während sie die EU-Erweiterung 2004 mehrheitlich begrüßte. Großer Wert wird weiterhin auf militärische Souveränität gelegt; für Männer besteht die allgemeine Wehrpflicht.

Religionsvielfalt

Seit dem Jahr 2000 ist die Lutherisch-Schwedische Kirche nicht mehr Staatskirche. Damit wurde auch der Wandlung Schwedens zur multikulturellen und multireligiösen Gesellschaft Rechnung getragen. Überhaupt ist der Lebensstil in Schweden stark weltlich.

Wirtschaft

Schwedens Naturreichtümer sind seine Wälder, die 50 % des Landes bedecken, Wasserkraft und Eisenerz. Die großflächigen Baumbestände waren einst das Fundament der Wirtschaftsentwicklung und sorgen heute als Basis der Forstwirtschaft, Zellstoff- und Papierproduktion und Holz verarbeitenden Industrie für 15 % der gesamten industriellen Wertschöpfung. Schweden ist das weltweit drittgrößte Exportland für Zellstoff und Papier. Die Förderung von Erzen konzentriert sich heute in Nordschweden. Noch im 19. Jh. war die Region Bergslagen zwischen Värm- und Uppland eine Art schwedisches Ruhrgebiet.

Neue Techniken und die nahezu unbegrenzten Ressourcen an Wasserkraft und Holz als Energielieferanten ermöglichten am Anfang des 20. Jhs. innerhalb weniger Jahrzehnte den Wandel vom Agrarstaat in einen Industriestaat. Heute arbeiten nur rund 3 % der Erwerbstätigen als Bauern. Gleichzeitig versorgt sich Schweden landwirtschaftlich zu fast 80 % selbst.

Neben der exportorientierten Metall und Holz verarbeitenden Industrie ist die schwedische Pharmaindustrie aufgestiegen in die Riege der global player. Dazu zählen der Papier- und Zellulosegigant Svenska Cellulosa sowie Astra und Pharmacia. Ehemals rein schwedische Konzerne gehören inzwischen zu internationalen Großunternehmen ABB und Sony-Ericsson. Die bekannten Automarken Volvo und Saab litten unter der globalen Wirtschaftskrise und den Problemen ihrer amerikanischen Mutterkonzerne (Ford bzw. General Motors); Volvo wurde im Sommer 2010 an den chinesischen Konzern Geely verkauft, Saab Anfang 2010 an den niederländischen Autobauer Spyker.

Obschon die Exportindustrie auch in Schweden das Zugpferd der Konjunktur ist, steht der Dienstleistungssektor für zwei Drittel aller Arbeitsplätze. Insgesamt ist knapp die Hälfte der gesamten Bevölkerung erwerbstätig. Dies ist u.a. die positive Auswirkung einer schon seit langem betriebenen Familien- und Gleichstellungspolitik, die es drei Vierteln aller Frauen ermöglicht, beruflich tätig zu sein.

Geschichte im Überblick

1500–500 v. Chr. Grabhügel, Funde von Schmuck und Schilden sowie Felszeichnungen zeugen von einer hoch stehenden Kultur.

6. Jh. n. Chr. Es wird Ackerbau betrieben. Die Svear übernehmen eine führende Rolle unter den Stämmen.

Ab 800 Die ostschwedischen Wikinger dehnen ihr Handelsreich von Birka und Gotland weit nach Osten aus. Bis tief nach Russland, an das Schwarze Meer und bis Byzanz reichen ihre Beziehungen.

830 Als erster christlicher Missionar in Schweden predigt der Bremer Benediktinermönch Ansgar in Birka. Doch fasst das Christentum erst Ende des 10. Jhs. richtig Fuß.

1164 Schweden wird Erzbistum. Die Kreuzzüge gen Osten haben im 13. Jh. zur Folge, dass Finnland Teil des Schwedischen Reiches wird.

13.–16. Jh. Das Gebiet um Kalmar sowie die Inseln Öland und Gotland schließen sich dem deutschen Hansebund an. Bis ins 16. Jh. dominiert der Städteverband.

1397 Auch die Vereinigung der drei Königreiche Dänemark, Norwegen und Schweden unter der dänischen Königin Margarete I. in der Kalmarer Union kann de facto nichts an der deutschen Dominanz ändern.

1518–1523 Dänenkönig Christian II. wird nach einer als Stockholmer Blutbad (1520) bekannten Machtdemonstration zum König über Schweden gekrönt, doch gelingt dem oppositionellen Hochadligen Gustav Vasa der Aufstand. 1521 wird er Reichsverweser und am 6. Juni 1523 zum König von ganz Schweden (1523–1560) gewählt.

Ab 1611 Unter Gustav II. Adolf erstarkt das Land zur Großmacht.

1805–1814 Schweden wird in Kriege auf dem Kontinent verwickelt, 1809 muss es Finnland an Russland abtreten, 1814 bildet es mit Norwegen eine Union.

1850–1920 Hungersnöte zwingen 1 Mio. Schweden auszuwandern. Es werden bahnbrechende Erfindungen gemacht, die wie das Dynamit von Nobel später zu Exportschlagern werden.

Ab 1914 Dezidiert militärpolitische Neutralität.

1920 Unter sozialdemokratischen Regierungen beginnt der Aufbau des Wohlfahrtsstaats.

1986 Der Mord am sozialdemokratischen Ministerpräsidenten Olof Palme erschüttert das Land.

1992 Ein Reformpaket soll den öffentlichen Haushalt sanieren. Das »schwedische Modell« des Wohlfahrtsstaats gilt als gescheitert.

1995 Schweden tritt der EU bei.

2000 Eröffnung der Öresundverbindung Malmö – Kopenhagen.

2003 Tödliches Attentat auf Außenministerin Anna Lindh am 11. September in Stockholm.
14. Sept. 56 % der Schweden stimmen gegen die Einführung des Euros.
2005 Das Parlament verschiebt die Ratifizierung der EU-Verfassung.
2006 Die Piratenpartei wird gegründet, die sich u.a. für Datenschutz im Internet und eine Reformierung des Urheberrechts engagiert. Ableger in zahlreichen europäischen Ländern folgen.
2008 Der Reichstag stimmt für den EU-Vertrag von Lissabon.
2010 Das bürgerlich-konservative Parteienbündnis »Allianz für Schweden« gewinnt die Parlamentswahlen, verfehlt aber die absolute Mehrheit.
2011 Schwedens Parteien treffen eine Vereinbarung zur Einwanderungspolitik, die u.a. die Familienzusammenführung erleichtert.

Natur und Umwelt

Aus mitteleuropäischer Sicht ist die Region der nahe Norden. Dort, keine 400 km von Hamburg oder Berlin entfernt, trifft man auf skandinavische Charakteristika wie Wälder und verzweigte Flusssysteme, weite Naturlandschaften und helle nordische Sommernächte. Zehntausende von Seen bedecken das Land. Sanft gewellte Hügel (selten über 300 m) sind typisch für die Landschaft Südschwedens, die von der letzten Eiszeit modelliert wurde.

Bei einem Schwedenurlaub ist es leicht, mit der Natur allein zu sein

In der Eiszeit blank polierte runde Granitfelsen und buckelige Inseln und Inselchen prägen besonders die Westküste. Als ihre Riviera bezeichnen die Schweden gern die weißen Sandstrände im Süden und Südwesten. Im Osten reichen die nordischen Nadelwälder bis an die Küste und bedecken auch die vorgelagerten Inseln. Diese verdichten sich bei Stockholm zum Reich der 24 000 Schären.

Die sonnenverwöhnten Kalksteininseln Öland und Gotland in der Ostsee mit ihren Wacholderwäldern und Orchideenheiden werden ebenfalls Südschweden zugerechnet.

Die Natur ist Kulturland

Auf den eher mageren Sedimenten und Geröllablagerungen des Nordens wächst seit Jahrtausenden Nadelwald, der zu großen Teilen aus Fichten und Kiefern besteht. Dagegen sind der südlichste Landesteil Schwedens, die Provinz Skåne, und die Ebenen von Öster- und Västergötland beiderseits des Vättersees fruchtbarer und werden landwirtschaftlich intensiv genutzt. Hier findet man auch Mischwälder von nennenswerter Größe.

Schon im Mittelalter wurden die riesigen Waldflächen Schwedens zur Gewinnung u.a. von Holzteer, Holzkohle und Bauholz genutzt, heute werden sie fast flächendeckend bewirtschaftet. Die Attraktivität der scheinbar endlosen Wälder mit ihren idealen Kanurevieren, weitverzweigten Wanderwegen und den abgeschieden gelegenen, idyllischen Ferienhäusern an Bächen und Seen ist ein Ergebnis ihrer jahrhundertelangen Nutzung. Durch sie allein ist die Natur so gut zugänglich geworden. Heute ist es das Bestreben der Verantwortlichen, eine nachhaltige Forstwirtschaft zu betreiben, die zugleich für den Erhalt der biologischen Vielfalt sorgt.

Möglichst ohne menschliches Einwirken existiert die Natur in ca. 2700 Reservaten. Die insgesamt 29 Nationalparks – davon liegen 15 im südlichen Schweden – umfassen besondere Landschaftsformen samt deren Fauna und Flora oder Naturphänomenen. Für jeden Park existieren Bestimmungen, die dort den Aufenthalt von Besuchern regeln. Das sogenannte Jedermannsrecht › S. 21 gilt in den Nationalparks beispielsweise nicht (www.naturvardsverket.se).

Elch & Co.

Zu den bleibenden Eindrücken einer Schwedenreise gehört die Begegnung mit dem »König der Wälder« – dem Elch. Gesichtet wird er meist nur in der Morgen- und Abenddämmerung und vor allem im Herbst.

!! Verkehrsschilder warnen vor Elchen, und diese Warnungen müssen auch tagsüber ernst genommen werden. Zusammenstöße mit den tonnenschweren Tieren enden meist mit einem Totalschaden am Fahrzeug oder noch schlimmer.

Ansonsten leben in den schwedischen Wäldern und Gewässern Tiere, die man auch sonst im mitteleuropäischen Raum findet. Aufgrund der dünnen Besiedlung kann sich die Fauna jedoch viel besser entfalten und die Bestände sind dementsprechend reich. Die weite Landschaft bietet ideale Lebensbedingungen für Rotwild, Biber und Hase. Besonders artenreich ist die Vogelwelt. In der Dämmerung jagen viele verschiedene Eulenarten, und häufig stelzen Störche und Kraniche über Moore und Wiesen.

Die Menschen

Aus- und Einwanderungsland

Seit Jahrhunderten prägen starke Ein- und Auswanderungsströme die Bevölkerungsentwicklung. So kamen im 15. Jh. Siedler aus dem benachbarten Finnland, im 16. Jh. folgten böhmische Glasbläser, und im 17. Jh. ermunterte die Monarchie belgische Schmiede, die Wallonen, zum Zuzug.

Zu Beginn des 20. Jhs. jedoch sah die Situation ganz anders aus: Über eine Mio. Schweden, ein Viertel der damaligen Bevölkerung, verließ Ende des 19. Jhs. das von Hungersnöten geplagte, an der Schwelle zur Industrialisierung stehende, arme Bauernland. Besonders aus dem Süden Schwedens brachen viele auf, um sich in Nordamerika eine neue Existenz aufzubauen.

Die Völkerwanderung des 20. Jhs., bedingt durch Weltkriege, die Industriearbeitermigration und die vielen regionalen Konflikte rund um den Erdball, haben auch Schweden zum Einwanderungsland gemacht. Finnen, Norweger, Dänen und die Nachbarn aus dem Baltikum flohen im Zweiten Weltkrieg in das neutrale Schweden. Ungarn, Österreicher, Deutsche und Niederländer kamen als erste Gastarbeiter in den 1950ern, gefolgt von Italienern, Griechen und Türken. Aus Südamerika, Vietnam, aus dem Nahen und Mittleren Osten und aus dem ehemaligen Jugoslawien flüchteten die Menschen in den letzten Jahrzehnten des 20. Jhs. zu Hunderttausenden nach Schweden. Wenn man auch die Menschen zählt, die zwar in Schweden geboren sind, aber einen oder zwei nicht schwedischen Elternteil haben, dann war im Erhebungsjahr 2003 jeder fünfte Einwohner ausländischer Herkunft. Das sind 1,84 Mio. Menschen und 21 % der Gesamtbevölkerung.

Den Zuzüglern der letzten Jahrzehnte begegneten die Schweden in der Regel wohlwollend. Dennoch zählen auch dort die Bekämpfung von Ausländerfeindlichkeit und Rechtsradikalismus zu den gesellschaftlichen Aufgaben und stehen auf der politischen Tagesordnung.

Tradition und Innovation

Schweden hat eine hochmoderne Gesellschaft, die ihren europäischen Nachbarn in Vielem voraus ist, etwa bei der Gleichstellung der Geschlechter. Häufiger als in Mitteleuropa findet man z.B. Frauen in Führungspositionen, die sie mit größerer Selbstverständlichkeit bekleiden. Nichteheliche Partnerschaften sind Ehen bereits seit 1987 vermögens- und steuerrechtlich gleichgestellt.

Nachdem sich das Modell des sozialen Wohlfahrtsstaates Anfang der 1990er-Jahre als nicht mehr finanzierbar herausstellte, wurden das staatliche Gesundheitssystem und die öffentliche Verwaltung tief greifend umstrukturiert.

Für technische Innovationen – vor allem die im eigenen Land entwickelten – sind die Menschen im Allgemeinen sehr empfänglich. Mobiltelefone begannen schon Ende der 1980er-Jahre ihren Siegeszug bei der Bevölkerung. Zum Haushalt gehört der Computer mit Breitbandanschluss längst ebenso selbstverständlich dazu wie Kühlschrank und Fernseher – Schweden ist in Europa führend in der IT-Anwendung.

Gleichzeitig ist man in Schweden durchaus traditionsbewusst und heimatverbunden. Die Zugehörigkeit zur Heimatprovinz spielt eine wichtige Rolle für die Identität, selbst wenn man seit Jahrzehnten nicht mehr dort lebt. Außerdem ist man stolz darauf, Schwede zu sein. Die Nationalflagge und blau-gelbe Dekorationen sind Zeichen besonderer Festlichkeit und nicht nur offiziellen Feiertagen vorbehalten. Auch zu privaten Anlässen wird mit Flaggen geschmückt.

Kunst und Kultur

Frühe Artefakte

Vor rund 3000 Jahren bedeckten Menschen an der Westküste und auch in der heutigen Provinz Östergötland ganze Felswände mit geheimnisvollen Symbolen und figürlichen Darstellungen. Die Zeichnungen bei Tanumshede wurden von der UNESCO als Weltkulturerbe klassifiziert. Ähnlich fantasieanregend sind die Bildsteine aus der Vendelzeit (6.–9. Jh.). Zwischen dem 6. und 8. Jh. pflegten vor allem die reichen Stämme Gotlands rege Handelsbeziehungen mit dem Osten. Davon legen die dortigen Bildsteine anschaulich Zeugnis ab. Schriftliche Botschaften wurden im Runenalphabet Futhark verfasst, von dem es eine ältere Variante gibt, die schon um Christi Geburt nachgewiesen ist, sowie eine jüngere, die zur Wikingerzeit benutzt wurde. Elemente der nordischen Mythologie aus der Zeit der Wikinger sind bis heute als Motive in Kunst und Kunsthandwerk beliebt.

Große Literatur und Krimis

Im 19. Jh. brachte das Land mit **August Strindberg** (1849–1912) einen Romanautor und Dramatiker von europäischem Rang hervor. Um 1870 machte er in den Literaturkreisen des Kontinents Furore, während man ihn zu Hause jedoch als verrückt abstempelte, sodass er verärgert das Land verließ.

Die Felsen bei Tanumshede sind mit Tausenden Zeichnungen überzogen

Pippi ist die wohl berühmteste und beliebteste Schwedin

Selma Lagerlöf (1858–1940) widmete sich mehr heimatverbundenen Themen und erhielt 1909 den von der Schwedischen Akademie vergebenen Literaturnobelpreis. Als historische Landeskunde immer noch lesenswert ist ihre »Wunderbare Reise des kleinen Nils Holgersson mit den Wildgänsen«.

Die erfolgreichste schwedische Schriftstellerin ist **Astrid Lindgren** (1907–2002), deren »Pippi Langstrumpf« (1945) eines der weltweit meistgelesenen Kinderbücher sein dürfte. Ihre frechen Geschichten von Michel aus Lönneberga, von den Kindern aus Bullerbü und Lotta aus der Krachmacherstraße haben das Bild, das man sich in der Welt von Schweden macht, ganz entscheidend mitgeprägt.

In den letzten Jahren rangieren die Kriminalromane von **Henning Mankell** (geb. 1948) auf Spitzenplätzen der (deutschen) Bestsellerlisten. Die Geschichten um Kommissar Wallander und die Fälle, die er in seinem Revier in Ystad zu lösen hat, spiegeln eine zeitgenössische Variante der Sicht auf schwedische Gesellschaftsverhältnisse. Erfolgreich auf dem deutschsprachigen Markt sind mit ihren Romanen auch die Krimiautoren Liza Marklund, Håkan Nesser und Arne Dahl.

Buch-Tipp Die Krimitrilogie **Verblendung, Verdammnis, Vergebung** (Heyne Verlag, München) des schwedischen Schriftstellers und Journalisten Stieg Larsson verbindet Spannung mit hohem inhaltlichem Niveau. Der 2004 verstorbene Larsson war einer der weltweit führenden Experten für Rechtsextremismus und Neonazismus.

Malerei und Design

Fast alle schwedischen Maler fanden ihre künstlerische Inspiration im Ausland. Dort wie zu Hause galt ihr Interesse hauptsächlich der Natur. Die Werke von Künstlern wie **Anders Zorn, Bruno Liljefors, Prinz Eugen** oder **Isaac Grünewald** und **Nils Dardel** finden sich in den Museen von Stockholm, Göteborg, Malmö oder Norrköping.

Der als Beschwörer der Idylle heute oft missverstandene Maler **Carl Larsson** (1853–1919) war eigentlich Visionär und Streiter für eine Verbesserung der sozialen Lebensbedingungen. Zu Beginn des 20. Jhs. formierte sich um die Pädagogin Ellen Key (1849–1926) eine Bewegung, der auch Larsson nahe stand. Man setzte sich zum Ziel, das private Umfeld mit gestalterischen Mitteln attraktiver zu machen, was in der Zeit der Auswanderung, der Landflucht und Verelendung dringend geboten war. Praktisch und zugleich schön sollten die Gebrauchsgegenstände sein. Damit war dem Funktionalismus im schwedischen Design der Weg geebnet.

Film, Musik und Feste

In der Filmkunst hat es **Ingmar Bergman** zu weltweitem Ruhm gebracht. Der Regisseur schuf unzählige Filme, wie z.B. »Das Schweigen« (1963) oder »Fanny und Alexander« (1982). Für Filme mit internationaler Starbesetzung und großem Publikumserfolg steht **Lasse Hallström** (»Gottes Werk und Teufels Beitrag«, »Chocolat«).

Auch in der Unterhaltungsindustrie gab es immer wieder Botschafter Schwedens. Neben den Filmstars **Ingrid Bergman** und **Greta Garbo** setzten Popstars wie **ABBA, Roxette** oder **The Hives** Akzente. Bei schwedischer Musik denkt man an populäre Volksmusik im besten Sinne. Die Lieder des Hofkomponisten und Troubadours **Carl Michael Bellmann** (1740–95) gehören immer noch zu den beliebtesten.

Jeden Sommer finden an die tausend Konzerte im Rahmen der **Schwedischen Musikfestspiele** statt. Dazu gehören Chor- und Volksmusik, Kammerkonzerte, Jazz und Rock und Konzerte der Stockholmer Symphoniker.

Das Aquarellmuseum in Skärhamn: innen wie außen malerisch

Feste und Veranstaltungen

Festkalender

Osterwoche: Zur **Konstveckan** in Skåne haben Hunderte von Kunsthandwerkern und Galeristen Tag der offenen Tür.

30. April: **Valborgsmässoafton** ist ein Festtag für Studenten. Vor allem in Uppsala und Lund singen die jungen Leute morgens alte Studentenlieder. Den ganzen Tag herrscht ausgelassene Karnevalsstimmung.

6. Juni: Der *Svenska Flaggans Dag* ist Schwedens **Nationalfeiertag** und seit 2005 arbeitsfrei.

Juni: **Midsommar** (Mittsommer) findet an dem Wochenende statt, das dem 21. Juni am nächsten kommt. Freitags ist *Midsommarafton* mit Tanz um die *Majstång*, samstags wird eher privat der Beginn des Sommers gefeiert.
Am Wochenende vor *Midsommar* findet in Askersund eines der größten schwedischen **Dixieland-Festivals** statt.
Wenn an zwei Wochenenden im Sommer (Anfang Juni und Anfang August) auf dem Viehmarkt **Vrigstads marknad** Pferde, Schafe, Rinder und Schweine versteigert werden, kommen ca. 30 000 Besucher zu diesem Volksfest.

Juli: Ganz Schweden hat Urlaub. **Stadtfeste und Musikfestivals** allerorten, Sehenswürdigkeiten und Museen haben länger geöffnet als üblich und überall ist

Mittsommer wird ausgelassen gefeiert mit Musik und Tanz

etwas los. Im Havsbadsparken in Lysekil findet z.B. das dreitägige **Jazzfestival** statt. Von 15 Uhr bis spät in die Nacht lockt Livemusik in den Park am Strand.
August: *Kräftpremiär* war früher der Beginn der Flusskrebse-Saison. Am zweiten Mittwoch im August wird fast überall – privat wie kommerziell – zur **Kräftskiva** geladen, zum Krebseessen und Schnapstrinken.
10. Dezember: Nobelpreisverleihung in Stockholm.
13. Dezember: Santa Lucia kommt mit Lichterkranz und singendem Gefolge, um die dunkle Winternacht aufzuhellen.
Weihnachten: Jul ist ein sehr kindbetontes, fröhliches Fest. Traditionell wird um den u.a. mit blau-gelben Fähnchen dekorierten Weihnachtsbaum getanzt.

Essen und Trinken

Hamburger und Pizza? Klar, die gibt es in Schweden ebenso wie Top-Gastronomie mit internationaler Reputation. Insbesonders auf dem Land sind Hotelrestaurants willkommene Adressen, in den Städten ist die Auswahl an kulinarischen Genüssen naturgemäß größer.

Abends zum Essen auszugehen hat in Schweden leicht festlichen Charakter. Eine Tischreservierung für das abendliche Essen (*middag*) um 20 Uhr gehört zum guten Ton und ist nicht nur in den Städten zu empfehlen. Gerade auf dem Lande sind die eher dünn gesäten Speiselokale gut besucht.

Auf dem Lande bieten die den Museen und Sehenswürdigkeiten angeschlossenen Cafés und Cafeterien mit ihren einfacheren Mahlzeiten eine gute Alternative für die Mittagszeit.

Eine preisgünstige Möglichkeit, gut zu Mittag zu essen, ist Dagens Rätt, das fast alle Restaurants anbieten. Das Tagesgericht kostet inklusive Brot, Salat, einem alkoholfreien Getränk und Kaffee ab 65 SEK. Echt gut!

Smörgåsbord und typische Speisen

Das traditionelle schwedische *Smörgåsbord*, das früher nur zu festlichen Anlässen aufgetischt wurde, hat sich in einer etwas alltäglicheren Variante vor allem in Restaurants als Buffet durchgesetzt. Die Bandbreite der Speisen variiert je nach Jahreszeit, regionaler Ausrichtung und Ambition der Küche. Seinen Ursprung hat das *Smörgåsbord* vermutlich in bäuerlichen Festen, bei denen jeder Gast eine Speise mitbrachte.

Ein klassisches *Smörgåsbord* besteht aus mehreren Gängen. Viele dieser typischen Speisen finden sich auch als einzelne Gerichte auf den

Speisekarten der Restaurants mit schwedischer Küche. Als Appetitanreger steht eingelegter Hering (*sill*) am Anfang eines langen Reigens maritimer Köstlichkeiten. Typische Gerichte sind in Senf eingelegter *senapsill* und süß-saurer *kryddsill*, die zu Knäckebrot gegessen werden. Daran schließen für gewöhnlich die Meeresfrüchte an. An der Westküste kann man Krebse, Krabben, Langusten, Hummer und Muscheln erwarten, während man im Inland vielleicht schneller zum geräucherten Fisch – Lachs, Makrele und Aal – übergeht.

Der Beginn des zweiten Gangs bringt verschiedene Sorten kalten, geräucherten oder gekochten Schinkens. Dabei sind die Rentier- und Elchschinken für die mitteleuropäisch geprägten Geschmacksnerven echte Neuentdeckungen. Rohkost und deftigere Salatvarianten gehen ebenfalls den warmen Speisen voran. Fisch und Fleisch – meist als Braten –, dazu Gemüse und die obligatorischen Salzkartoffeln weisen starke Parallelen zur Küche Mitteleuropas auf. Sehr beliebt nicht nur bei Kindern sind *köttbullar*, kleine, milde Fleischbällchen ohne Zwiebeln, die klassisch mit *lingonsyl* (Preiselbeermus) und *potatismos* (Kartoffelpüree) verspeist werden.

Echt gut!

Die besten Gourmet-Restaurants

- Das **PM & Vänner** in Växjö wurde 2008 von schwedischen Gastro-Kritikern zum Restaurant des Jahres gekürt. › S. 67
- Das **28+** in Göteborg ist ein mehrfach prämiertes Spitzenrestaurant. Spezialitäten: Käse und Fisch. Stilvoll-schlichtes Ambiente und gelungenes Lichtdesign. › S. 85
- Die ebenfalls mehrfach prämierten Köche Laila Löfkvist und Fredrik Malmstedt haben in Visbys mittelalterlichen Gemäuern mit dem **50 Kvadrat** ihr persönliches Lieblingsrestaurant eröffnet. › S. 134
- Melker Andersson, einer der ersten schwedischen Starköche, führt in Stockholm das urbane Restaurant **F12** im Lounge-Stil mit viel Design und Kunstausstellungen. › S. 127
- Starkoch Christer Lingström führte das Restaurant **Edsbacka Krog** nördlich von Stockholm zu Sterneadresse. Inzwischen konzentriert er sich auf das **Bistro Edsbacka** gegenüber mit etwas lockerer Atmosphäre (Sollentunavägen 223, Sollentuna, Tel. 08/631 00 34, http://edsbackabistro.se, So geschl. ●●).

Kanon der Nachspeisen

Zu den Nachspeisen gehören verschiedene Käsesorten, wobei schwedische Erzeugnisse eher fettarm sind. Angeboten werden zumeist Weichkäse aus Frankreich. Traditionell ist die jahreszeitlich und regional sehr unterschiedliche Palette von Kuchen, Fruchtspeisen und Puddings. Aufwendige Zubereitung verlangt die småländische Spezialität *ostkaka*, ein Quark-Käse-Auflauf. Klassisch ist die *mandeltårta*, eine Schoko-Mandel-Torte, die zum abschließenden Kaffee gehört.

Durstlöscher

Stilvolle Einkehr: das Restaurant PM & Vänner in Växjö

Kaffee ist das Nationalgetränk der Schweden und rund um die Uhr erhältlich. Er ist preiswert und im Restaurant meist sogar Bestandteil der Mahlzeit, der gar nicht gesondert berechnet wird. In Cafés ist es immer noch so, dass, wer einen Kaffee ordert, die zweite Tasse als *påtår* – als Zugabe – kostenlos bekommt. Sogar in den sehr verbreiteten Selbstbedienungscafeterienist das oft der Fall. Da aber auch in Schweden Espresso, Cappuccino und Caffè latte Einzug gehalten haben und die Multifunktions-Kaffee-Automaten den aufgebrühten Kaffee auf der Warmhalteplatte mehr und mehr verdrängen, scheinen die Tage des *påtår* gezählt.

Kostenlos wird in Speiselokalen gutes, klares Wasser, oft mit Eis und Zitrone, in einer Karaffe zur Mahlzeit serviert. Sollte es einmal fehlen, frage man nach *isvatten* oder *bordsvatten* (Eis- oder Tischwasser). Mineralwasser können Sie natürlich auch bestellen, es ist aber vergleichsweise teuer.

Alkoholfreies Bier (*öl*) ist in Schweden schon viel länger im Angebot als bei uns. Zur Umgehung des Staatsmonopols für den Verkauf von Alkohol, den man nur in staatlichen Läden (*Systembolaget*) erwerben kann, gibt es seit Jahrzehnten Leichtbier (*lättöl*) mit weniger als 3,5 Vol.-% Alkohol im freien Lebensmittelhandel. Die Endverbraucher dürfen ihren Wein nach wie vor nur montags bis freitags, mancherorts auch samstags, im staatlichen *Systembolaget* erwerben, der allerdings gute Qualität führt.

Frühstück

Für das Frühstück, das man in Cafés oder Hotelrestaurants einnimmt, hat sich das Buffet durchgesetzt, das meist sehr vielseitig ausfällt. Eher ungewohnt dürfte vielen das reichhaltige Angebot an eingelegten Heringen sein. Kaviarpaste wird nicht nur zu gekochten Eiern, sondern pur als Brotaufstrich genossen. Getrunken wird Kaffee, aber auch Milch (*mjölk*) und Fruchtsäfte. Frühstück (*frukost*) wird in der Regel zwischen 7 und 10 Uhr angeboten. Das Mittagessen (*lunch*) nimmt man zwischen 12 und 14 Uhr ein.

Special

Verführungen für Gourmets

Der französische Kochpapst Paul Bocuse, der 1987 den internationalen Kochwettbewerb »Bocuse d'Or« ins Leben rief, behauptet: »Das kulinarische Zentrum liegt nicht mehr in Südeuropa, sondern ist nach Nordeuropa gewandert.« Tatsächlich: Schwedische Köche räumen bei internationalen Wettkämpfen seit einigen Jahren einen Preis nach dem anderen ab. Es begann 1995 mit Melker Anderssons Silbermedaille beim Bocuse d'Or (Restaurant F12, › S. 127), wo auch Henrik Norström 2001 den zweiten Platz machte; 2004 und 2007 holte die schwedische Koch-Nationalmannschaft bei der Kocholympiade die Goldmedaille, 2008 immerhin die silberne – wie auch Jonas Lundgren beim Bocuse d'Or 2009. Bei der Weltmeisterschaft der Sommeliers 2007 siegte Andreas Larsson, damals Chefsommelier des »PM & Vänner« › S. 67.

Diese Erfolgsserie weckte in Schweden ein völlig neues Interesse am Kochen. Erfolgreiche Köche genießen Kultstatus im Land. Die internationale Fachwelt spricht schon vom schwedischen Modell der Aus- und Weiterbildung von Gastronomie-Fachkräften. Das Ergebnis sind ambitionierte, junge Köche, Sommeliers und Restaurantmanager. Besonders in den Städten erlebt man eine sehr dynamische und experimentierfreudige Gastroszene.

Südschwedens kulinarische Landschaft

Einige der besten Gourmetadressen des Landes versammelt die **Echt-gut-Liste** › S. 38. Wer sich auf eine kulinarische Reise vorbereiten möchte, findet in dem englischsprachigen **»White Guide Sweden«** aus dem Millhouse Verlag einen informativen Begleiter mit einer Auswahl von 250 guten Restaurants:

Millhouse Publishing
Sveavägen 52][11134 Stockholm, Tel. 08/20 86 32][www.millhouse.se

Die Stiftung »Sveriges Bästa Bord« fördert junge Köche mit Stipendien und gibt auch einen **Restaurantguide** zu den »Besten Tischen« heraus – leider nur auf Schwedisch (www.sverigesbastabord.com).

Auch wenn sie nicht zur Top-Liga zählen, so sind doch viele andere Restaurants wegen Küche und Ambiente einen Besuch wert. **Calmar Hamnkrog** in Kalmar › S. 64 vereint smäländische Tradition mit neuer Raffinesse und ist ein heißer Kandidat für einen Aufstieg.

Påskallaviks Gästgifveri an der Ostküste (Kustvägen 31, 57090 Påskallavik, Tel. 04 91/970 50, www.paskallavik.com, ●●) ist eine abgeschieden gelegene Perle, für die Liebhaber idyllischer Speiselokale von weither anreisen.

Delikat veredelte Rohwaren aus Wald und See lassen Gourmets aus Göteborg zur **Falkholts Gästsgifveri** › S. 99 pilgern.

Zur besten Konditorei Schwedens wurde das **Café im Kaufhaus »NK«** › S. 123 in Stockholm gekürt. Für die durchweg hohe Qualität bei Pralinen, Torten, Eis und Backwaren sorgen insgesamt 18 (!) Konditoren.

Das Måltidens Hus

Eine der wegweisenden Institutionen unter den 130 Restaurant- und Hotelschulen des Landes ist das **Måltidens Hus** in Grythyttan › S. 102. Hier wird die Mahlzeit verstanden als gelungenes Zusammenspiel von Rohwaren, ihrer Zubereitung, der Art und Weise des Servierens, von Atmosphäre und Raumgestaltung unter Berücksichtigung der Kostenseite. Mit seinen Ausstellungen, den kulinarischen Kursen für die Allgemeinheit und einem einzigartigen Kochbuchmuseum ist das »Haus der Mahlzeit« ein wahrer Gourmettempel und Ausdruck des hohen gastronomischen Anspruchs in Schweden (Mo–Fr 10 bis 16, Sa/So 10.30–15 Uhr). In der Mensa »Hyttblecket« können auch Gäste essen (Mo–Fr 11.30 bis 13.30, Sa, So 12–14 Uhr).

Unterwegs in Südschweden

Entdecken Sie die einzelnen Reiseregionen – jeweils mit den schönsten Touren, allem Sehens- und Erlebenswerten, Hotel-, Restaurant-, Nightlife- und Shoppingtipps

Skåne und Malmö

Nicht verpassen!

- Die frühzeitliche Schiffsetzung Ales Stenar auf der Steilküste bei Kåseberga
- Ein Spaziergang im Malmöer Stadtteil Västra Hamnen
- Die Rhododendronblüte im Juni im Schlosspark Sofiero bei Helsingborg
- Eine Wanderung zur Spitze der Halbinsel Kullen
- Abendessen in einer Fischräucherei

Karte Seite 46

Zur Orientierung

Das reiche, fruchtbare Bauernland der südlichsten Provinz Schwedens mit ihren Schlössern und Herrensitzen noch aus dänischer Zeit lädt zu Schlemmer- und Kulturtouren ein. Bis 1658 gehörte Skåne zum dänischen Königreich. Die Landschaft und die Dörfer an der Küste erinnern in mehrfacher Hinsicht an den heutigen Nachbarn: Kleine Fachwerkhäuser, die vierflügeligen Bauernhöfe, das sanfte, hügelige Bauernland und auch die Schlösser, die sich der dänische Adel hier bauen ließ.

An drei bis fünf Tagen lässt sich die südlichste Provinz Schwedens mit dem Auto bequem umrunden. Doch ganz wie man es von Schweden erwartet, gibt es auch in dieser Gegend reichliche Möglichkeiten, die Natur zu genießen, mit dem Rad unterwegs zu sein, einem der vielen markierten Wanderwege zu folgen oder zu angeln. Zu den Verlockungen der Region zählen auch ihre herrlichen breiten Sandstrände. Selbst Malmö besitzt einen 2,5 km langen Badestrand!

Drei Städte dürfen sich als Einfallstore nach Skåne bezeichnen: Malmö, weil es über die Öresundbrücke mit Kopenhagen verbunden ist, Trelleborg, denn hier kommen die Fähren aus Travemünde und Rostock an sowie schließlich Helsingborg, wo eine kurze Fährverbindung hinüber ins dänische Helsingør besteht.

Ales Stenar nicht weit von Ystad

Touren in der Region

Skåne für Fischliebhaber

(3) Malmö › Skanör › Trelleborg › Ystad › Kåseberga › Simrishamn › Kivik › Åhus

Dauer: 2 Tage
Praktische Hinweise: Die Öffnungszeiten der Fischräuchereien variieren jahreszeitlich stark. Die Räucherei in Skanör hat im Winter geschlossen, für das Restaurant der Fischräucherei in Kivik empfiehlt sich im Hochsommer eine Tischreservierung.

Skånes Küche genießt in Schweden vor allem wegen ihrer hervorragenden Fischspezialitäten einen guten Ruf. Auf dieser Tour können Sie sich u.a. beim Besuch der Fischräuchereien selbst davon überzeugen. Da in Skåne auch der größte Teil des schwedischen Aquavits produziert wird, gehört ein Schnaps unbedingt dazu. Damit stellt sich schnell die Frage nach der Übernachtung – in Kivik und Skanör gibt es Hotels in Gehweite der Fischräuchereien.

Von ****Malmö** › S. 48 geht es zunächst an der flachen Küste entlang in Richtung Trelleborg. Der erste Stopp lohnt auf der Halbinsel **Falsterbo** › S. 51 im hübschen Fischerdorf **Skanör** › S. 52 mit seiner hervorragenden Räucherei. Zwischen **Trelleborg** › S. 51 und ****Ystad** › S. 52, Krimi-Fans als Kommissar Walanders Heimat bekannt, geht eine niedrige Steilküste langsam in schöne Sandstrände über. Doch dann werden die Hügel wieder höher, bis **Kåseberga** erreicht ist. Oberhalb des Hafens befindet sich die Schiffsetzung ****Ales Stenar** › S. 53, die auch gern als das Stonehenge des Nordens bezeichnet wird. Der etwa 15-minütige Spaziergang vom Hafen hinauf wird mit einem **weiten Blick über die Ostsee** belohnt. Und unten am Hafen lockt wieder der Räucherfisch, diesmal in einer eher rustikalen Räucherei, deren schönste Sitzplätze draußen im Hang stehen (Tel. 04 11/52 71 80, www.kaseberga-fisk.se, März bis Dez. tgl. mind. 10–15 Uhr). Wer lieber drinnen sitzt, kann in **Skillinge** im Hafenkrug (Skillinge Hamnkrog, Tel. 04 14/308 25, ●●) lecker essen oder man sucht eines der Restaurants in ***Simrishamn** › S. 53 auf. Die nächste empfehlenswerte Fischräucherei befindet sich in ***Kivik** › S. 53, ein verglaster Neubau am Hafen. Zuvor lohnt ein Abstecher in den nahen Nationalpark Stenshuvud › S. 52. Über Brösarp führt die Route dann weiter nach ***Åhus** › S. 54 mit seinen weiten Stränden.

Echt gut!

3
Skåne für Fischliebhaber Malmö › Skanör › Trelleborg › Ystad › Kåseberga › Simrishamn › Kivik › Åhus

4
Zur Halbinsel Kullen Lund › Landskrona › Röstånga › Helsingborg › Höganäs › Arild › Mölle

Karte Seite 46

Zur Halbinsel Kullen

④ Malmö › Lund › Landskrona › Röstånga › Helsingborg › Höganäs › Mölle

Dauer: 2 Tage

Praktische Hinweise: Infos zu Söderåsen bei Röstånga: www.nationalpark-soderasen.lst.se.

Die Vielfalt Skånes erschließt sich auf einer Fahrt in den Nordwesten. Von **Malmö** › S. 48 geht es zunächst in die Universitätsstadt **Lund** › S. 55, die neben ihrem romanischen Dom einige interessante Museen zu bieten hat. Das dominierende Bauwerk von ***Landskrona** › S. 55 ist die 1549 aus rotem Ziegel erbaute Zitadelle.

Nun fährt man über kleine Dörfer ins Land hinein, wo man bei **Röstånga** auf den bewaldeten Höhenzug **Söderåsen** mit dem gleichnamigen Nationalpark stößt. Dieser widerlegt den Ruf Skånes, flach zu sein, denn hier findet man **inmitten des Laubwalds tiefe Schluchten und Felsen;** schöne Wanderwege beginnen am Naturum in Skärarild. Durch eine fast einsame Landschaft erreicht man dann wieder das Meer. An der schmalsten Stelle des Öresunds liegt ***Helsingborg** › S. 56 mit einer idyllischen Altstadt. Gen Nordwesten folgt man der Küstenlinie und erreicht die für ihre Keramik-Produktion bekannte Stadt ***Höganäs** › S. 56. Sie bildet das Tor zur Halbinsel ***Kullen** mit 60 m hohen Klippen und den charmanten Orten ***Arild** › S. 56 und ***Mölle** › S. 56.

Echt gut!

Unterwegs in Skåne und Malmö

1 **Malmö 1

Die Schweden, die nach Malmö (290 000 Einw.) kommen, wähnen sich schon fast nicht mehr in ihrem Heimatland: Die südlichste Großstadt des Landes ist seit 2000 durch die Öresundquerung direkt mit Kopenhagen verbunden. Und jenseits der Ostsee, quasi nur einen Sprung weit, liegt Deutschland. Malmö orientiert sich stärker am Nachbarn Kopenhagen als am fernen Stockholm. Dass hier viel Dänisches im Spiel ist, verraten Dialekt und Geschichte. Die für Schweden ganz untypischen Fachwerkhäuser in der Altstadt verbreiten eine heimelige Atmosphäre, die für eine Stadt dieser Größe erstaunlich ist.

Zentrum und Altstadt

An die Ära des Heringshandels erinnert die **St. Petri-Kirche** Ⓐ, eines der ältesten Gebäude der Stadt. Sie wurde Beginn des 14. Jhs. im Stil der hansetypischen Backsteingotik erbaut.

Rund um den zentralen Platz der Altstadt, den malerischen Hauptmarkt **Stortorget** Ⓑ, gruppieren sich schöne alte Gebäude: das Rathaus von 1546, die Residenz – Sitz des Regierungspräsidenten – die Löwenapotheke von 1898 sowie das prachtvolle Treppengiebelhaus des Bürgermeisters Jörgen Kock von 1525.

Als Erweiterung des großen, benachbarten Marktplatzes wurde im 16. Jh. **Lilla Torg** Ⓒ – der Kleine Platz – angelegt. Zahlreiche, für Schweden eigentlich ganz untypische Fachwerkhäuser säumen die Freifläche. Ein fast schon **mediterranes Flair** bekommt der Platz, sobald das Wetter etwas wärmer wird, denn dann ist jeder Quadratmeter mit den Stühlen und Tischen der vielen Cafés, Bars und Restaurants besetzt.

Echt gut!

Karte Seite 49

*Malmöhus D

Als Museumszentrum der Stadt könnte man heute die 1536 erbaute Burg Malmöhus bezeichnen. Von ihren einst vier Festungstürmen sind nur noch zwei erhalten, die genau wie das Verlies besichtigt werden können. Im weitläufigen Park des Festungsgeländes befinden sich insgesamt vier Museen: Das Stadtmuseum dokumentiert die Geschichte von Malmös Frühzeit bis zum Mittelalter, das Kunstmuseum widmet sich v.a. den bildenden Künstlern des 20. Jhs. aus Skåne und Nordeuropa. Schwedens Tierwelt in ihren Lebensräumen ist im Museum für Naturgeschichte das Thema. Das Technik- und Seefahrtsmuseum hält nicht nur Maschinen und Modelle bereit, sondern lädt zu eigenen Experimenten ein (Mo–Fr 10–16, Sa, So 12–16, Juni–Aug. auch Sa, So ab 10 Uhr).

Malmö Konsthall E

Südöstlich von Malmöhus und den umgebenden Grünanlagen bietet die städtische Kunsthalle wechselnden Ausstellungen zeitgenössischer Kunst ein Forum (tgl. 11–17, Mi 11–21 Uhr). Ein **beliebter Treffpunkt** ist das angeschlossene Restaurant und Café SMAK: Ganz in schwarz und grau

Echt gut!

Echt gut!

Höhepunkte moderner Architektur

- In **Malmö** entstand auf einem ehemaligen Werftgelände das moderne Stadtviertel Västra Hamnen. Höhepunkt ist das 190 m hohe, in sich verdrehte Hochhaus **Turning Torso** von Santiago Calatrava. Für Urlauber besonders einladend ist die neu geschaffene Promenade. Grandios wirkt der 1997 vollendete **Bibliotheksanbau** im Slottparken des dänischen Architekten Henning Larsen, der u.a. auch die Oper in Kopenhagen schuf.
- Auch in **Göteborg** › S. 81 hat man am Wasser gebaut. 1994 eröffnete die direkt am Fluss Göta älv entworfene **Oper** von Jan Izkowitz; nach der Fertigstellung des Innenstadttunnels wurden große Teile der schönen Uferbebauung renoviert.
- In **Kalmar** › S. 63 wurde ein ehemaliges Werftgelände auf der **Insel Varvsholmen** am Kalmarsund zu einem attraktiven Wohnviertel umfunktioniert. Die Insel verbindet nun eine Brücke mit der Innenstadt.
- In **Grythyttan** › S. 102 hat der schwedische **Pavillon der Weltausstellung** in Sevilla 1992 eine neue Heimat und Verwendung gefunden. Das auffällige Gebäude beherbergt nun das »Måltidens Hus«.
- Das **Nordische Aquarellmuseum** › S. 86 auf der Insel **Tjörn** bauten die dänischen Architekten Niels Bruun und Henrik Corfitsen mit vergleichsweise einfachen Mitteln direkt ans Wasser. In den auf Pontons schwimmenden Ateliers arbeiten Künstler mit Stipendium.

gehaten. Die Gerichte sind ebenso schlicht, aber sehr gut (St. Johannesgt. 7, Tel. 040/50 50 35, ●).

Info

Malmö Turistbyrå
Börshuset][Skeppsbron 2
211 20 Malmö][Tel. 040/34 12 00
www.malmotown.com

Hotels

- **Savoy Hotel**
Norra Vallgatan 62
Tel. 040/664 48 00
www.elite.se
Im Traditionshaus sind viele Jugendstil-Elemente erhalten geblieben,darunter Fensterbilder und geschnitzte Treppengeländer. Üppig dimensionierte Zimmer. ●●●
- **Scandic Hotel Kramer**
Stortorget 7
Tel. 040/693 54 00
www.scandichotels.com
Traditionshaus von 1870 mit 117 komfortablen Zimmern. Restaurant, Bar mit schöner Glasveranda zum Stortorget. ●●●
- **First Hotel Garden**
Baltzarsgatan 20
Tel. 040/665 62 00
www.firsthotels.com
Großes, zentrumsnah gelegenes Hotel in den oberen Etagen eines nüchternen Bürokomplexes. Überraschend sind der Dachgarten und die Zimmer mit Blick auf diesen. ●●
- **IBIS Hotel**
Stadiongatan 21
Tel. 040/672 85 70
www.ibishotel.com
Einfaches, aber freundliches und preisgünstiges Haus südlich der Altstadt in Stadionnähe. ●

1,5 Mio. Besucher kommen jährlich in die größte Bibliothek Schwedens

Restaurants

■ **Årstiderna i Kockska Huset**
Frans Suellsgata 3
Tel. 040/23 09 10
www.arstiderna.se
Klassiker mit schwedisch inspirierter Feinschmeckerküche, serviert in einem historischen Gewölbekeller; im Winter So geschl. ●●●

■ **Salt & Brygga**
Sundspromenaden 7
Tel. 040/611 59 40
www.saltobrygga.se
Echt gut! **Vielfach ausgezeichnetes Gastro-Konzept** im Stadtteil Västra Hamnen direkt am Meer. Vegetarisches, Fisch, ökologische Zutaten frisch zubereitet. Mittagstisch und Abendmenüs. ●●

Trelleborg 2

Für viele Urlauber aus Mitteleuropa ist die Stadt (25 000 Einw.) die erste Begegnung mit Schweden. Nach dem Übersetzen mit der Fähre ab Travemünde, Rostock oder Saßnitz › S. 15 stoßen Reisende mitten im Zentrum auf eine **Wikingerburg,** die vor gar nicht allzu langer Zeit entdeckt und rekonstruiert wurde. Im Innenhof der kreisrunden, zu einem Drittel wieder aufgebauten Wallanlage Trelleborgen mit Palisaden und Wachtürmen werden im Sommer Wikingerspiele sowie Konzerte und Theatervorstellungen veranstaltet (ansonsten immer zugänglich, Eintritt frei).

Info

Turistbyrå
Kontinentgatan 2][231 42 Trelleborg
Tel. 04 10/73 33 20
www.trelleborg.se

Falsterbo und Skanör

Die Fischerdörfer auf der Halbinsel **Falsterbonäset** 3 zwischen Trelleborg und Malmö erlebten ihre beste Zeit vom 13. bis 16. Jh.

als der Heringsfang noch reiche Erträge brachte. Einen neuen Aufschwung erlebte die Gegend dann erst wieder durch den Badetourismus: Die Strände gehören zu den beliebtesten in der Region, sodass man hier viele Malmöer trifft. Der Golfplatz von Falsterbo (www.falsterbogk.se) ist der renommierteste 18-Loch-Links-Kurs im Land. Zu empfehlen ist die **gute Fischräucherei** mit Ladenverkauf und Restaurant, die man am Hafen von Skanör findet (Juni bis Ende Aug. tgl., www.rogeriet.se).

Echt gut!

Nationalpark Stenshuvud

1986 wurde der südöstliche Ausläufer des Höhenrückens Linderödsåsen zum Stenshuvud-Nationalpark erklärt. Südlich von Kivik fällt der Höhenzug bis zu 100 m steil ins Meer ab. Der Gipfel des »Steinkopfs« erhebt sich 124 m hoch und bietet einen weiten Blick über die Hanö-Bucht und scheinbar endlose Sandstrände.

Schwedens südlichster und kleinster Nationalpark schützt eine reichhaltige Flora – darunter Wald- und Heideflächen, wilde Apfelbäume, Haselsträucher sowie Wildblumen- und Orchideenwiesen. Insgesamt umfasst er rund 300 ha Kulturland und 90 ha Wasserfläche. Durch den Nationalpark führt ein Wanderweg, an seinen Stränden darf gebadet werden. Im »Naturum« am Parkplatz im Zentrum des Parks wird versucht, Sensibilität für die Natur zu wecken (www.stenshuvud.se, tgl. 11–16 Uhr).

Info

Höllvikens Turistbyrå
Videholms allé 1 A
236 31 Höllviken (8 km von Skanör)
Tel. 040/42 54 54
www.vellinge.se

Hotel

Gässlingen
Rådhustorget 6][239 30 Skanör
Tel. 040/45 91 00
www.hotel-gasslingen.com
Gourmetrestaurant mit 28 Zimmern unweit des Hafens. In der Nebensaison werden überwiegend Wochenendpakete aus Übernachtung und Gourmet-Abendessen angeboten. ●●●

2 **Ystad 4

Dank Henning Mankells Bestseller-Romanfigur Kommissar Wallander und dessen hier gedrehten Verfilmungen zählt Ystad (26 000 Einw.) zu den bei deutschen Gästen bekanntesten Orten Schwedens. Im Touristenbüro gibt es für Fans sogar einen **Stadtplan mit den Krimi-Schauplätzen.**

Echt gut!

Mit ihren 40 km Sandstrand genießt die Stadt zudem den Ruf eines vortrefflichen Badeortes. Mindestens ebenso reizvoll ist das Ortsbild des historischen Städtchens mit mehr als 300 Fachwerkhäusern und der ursprünglich in romanischem Stil erbauten Marienkirche.

Zu interessanten Stadtrundgängen laden auch die mittelalterlichen Gassen um das Franziskanerkloster mit der Petrikirche (13. Jh.) ein. Im Kloster ist heute das Stadtmuseum untergebracht.

Karte
Seite 46

Info

Turistbyrå
St. Knuts Torg][271 42 Ystad
Tel. 04 11/57 76 81
www.ystad.se

Hotel

Ystads Saltsjöbad
Saltsjöbadsvägen 6
Tel. 04 11/136 30
www.ysb.se
Traditionsreiches Kurhotel in einem Kiefernwäldchen direkt am Strand; 109 modern ausgestattete Zimmer, schöner Wellnessbereich. ●●

**Ales Stenar 5

Hinter Ystad verstellt die Hügelkette **Hammars Backar** den Blick auf die Ostsee. Diese Os genannten Höhenzüge sind von den Gletschern der letzten Eiszeit vor rund 10 000 Jahren aufgeschobene Geröllmassen, die das Bild der Landschaft in dieser Gegend prägen. Hammars Backar fällt als Steilküste bis zu 40 m direkt zur Ostsee ab. Einen derartig exponierten Platz machten wahrscheinlich die Wikinger zur Kultstätte: Ales stenar. In Form eines Schiffes wurden 58 tonnenschwere, über mannshohe Granitblöcke zusammengestellt und bilden die größte Anlage dieser Art im ganzen Land. Die Steine, die Bug und Heck markieren, sind beachtliche 67 m voneinander entfernt und markieren zudem den Punkt des Sonnenaufgangs an den Sonnenwendtagen. Dass es sich hier um das Grab eines Häuptlings handelt, ist nur eine Vermutung.

*Simrishamn 6

Die Stadt (20 000 Einw.) ist der Hauptort von Österlen. In diese Ecke Skånes zieht es besonders viele Kunstschaffende und Kunsthandwerker. Sie zeigen ihre Arbeiten während der Kunstwoche (*konstveckan*) nach Ostern gemeinsam in über 100 Galerien und Ateliers der Region.

Hotel

Karlaby Kro
27293 Tommarp
Tel. 04 14/203 00
www.karlabykro.se
Gediegenes Landhotel mit Restaurant in typischem Skånehof, etwa 10 km von Simrishamn im Binnenland. ●●●

Restaurants

- **Kronovalls Vinslott**
273 95 Tomelilla (ca. 17 km nordöstl.)
Tel. 04 17/197 10
Festlich tafeln lässt es sich im noblen Schlossrestaurant (So–Do, Fr/Sa nur angemeldete Gruppen, ●●●); im rustikalen Sommerrestaurant Spannstallet werden mediterrane Snacks, Kuchen und Desserts serviert (Juli/Aug. tgl.) ●●
- **Börje Olssons Skafferi**
Storgatan 11, Simrishamn
Tel. 04 14/171 77
Delikatessengeschäft mit Bewirtung; deftige schwedische und mediterrane Snacks, auch zum Mitnehmen. Im Winter So geschl. ●

*Kivik 7

Die Hälfte aller Äpfel, die in Schweden verzehrt werden, kommt aus Österlen. Zur Obst-

Karte
Seite 46

Beim Apfelmarkt entstand aus 35 000 Äpfeln dieses Bild

baumblüte im Mai und zur Apfelernte im September herrscht Feierstimmung. Höhepunkt ist der **Apfelmarkt** an einem der ersten Septemberwochenenden. Die Apfelkönigin wird gekürt; Äpfel werden in zahllosen Varianten zum Verzehr angeboten. Ganzjährig kann man in der Kiviker Saftmosterei nichtalkoholische Apfelerzeugnisse kaufen.

Echt gut!

Kivik hat auch eine vorgeschichtliche Sehenswürdigkeit: Vor 3000 Jahren wurden Tausende von Tonnen an Feldsteinen zu einem mächtigen Hügel, dem ***Königsgrab,** aufgeschichtet. Die Grabkammer mit ihren bislang nicht enträtselten Felszeichnungen ist begehbar (Mai–Aug. tgl. 10–18 Uhr).

Hotel

Kiviks Hotell
Moriabacken][277 30 Kivik
Tel. 04 14/700 75
www.kivikshotell.se
Alte Villa mit jüngerem Anbau und Spa in Hanglage. Die Zimmer wurden 2008 renoviert, viele haben Seeblick. Schöne Terrasse und großer Garten. ●●●

*Åhus 8

Åhus liegt geschützt an einem Mündungsarm des Flusses Helge å. Die Gassen um Kirche (12. Jh.) und Rathaus lassen erkennen, dass der Ort im Mittelalter ein bedeutender Warenumschlagplatz war.

Typisch für die Region sind zwei Produkte: Schnaps und Aal. »Absolut Vodka« ist inzwischen ein schwedischer Exportschlager geworden, und Räucheraal wird in sieben klassischen Varianten angeboten. Im Spätsommer genießt man beides zusammen bei einer **»Ålagille«, einem deftigen Festschmaus mit Sinnenrausch** in einer rustikalen Fischerhütte am Strand.

Echt gut!

Info

Åhus Turistbyrå
Järnvägsgt. 7][296 31 Åhus
Tel. 044/13 47 77

Hotel

Åhus Gästgivaregård
Gamla Skeppsbron 1
Tel. 044/28 90 50
Rustikales Landgasthaus am Wasser mit gutem Restaurant; veranstaltet Ålagillen. ●●

Karte Seite 46

Kristianstad 9

Einst sollte die 1614 vom Dänenkönig Christian IV. gegründete Renaissance-Stadt (heute 72 000 Einw.) als Außenposten das Dänische Reich sichern. Und wie jede Provinzhauptstadt besitzt Kristianstad ein ***Regionalmuseum**. Im Zeughaus des nie vollendeten Schlosses versammelt es vielseitige Ausstellungen u.a. zur Stadtgeschichte (Stora Torg, Di–So 12–17 Juni–Aug. tgl. 11–17 Uhr, gratis, www.regionmuseet.m.se).

Info

Turistbyrå
Stora Torg][291 32 Kristianstad
Tel. 044/13 53 35
www.kristianstad.se

Hotel

Hotel Christian IV.
Västra Bv. 15][Tel. 044/20 38 50
www.firsthotels.com
Gediegenes Stadthotel mit netter Bar. 86 individuelle Zimmer, das Restaurant serviert Mo–Sa Traditionsküche. ●●●

*Landskrona 10

Landskronas **Festung**, im 14. Jh. errichtet, thront mit ihren vier Wehrtürmen und dem komplett erhaltenen Wassergraben über dem Öresund (im Sommer tgl. 10–16 Uhr). Das **Landskrona Museum** gibt einen Einblick in die Geschichte des Ortes (Slottsgatan, tgl. 12–17 Uhr). Reizvoll ist ein Schiffsausflug auf die Insel ***Ven,** die man per Mietrad (am Fähranleger) erkunden kann.

Info

Turistbyrå
Regeringsgt. 13][261 36 Lanskrona
Tel. 04 18/47 30 00
www.landskrona.se

**Lund 11

An der 1666 gegründeten Universität der Stadt (100 000 Einw.) sind etwa 30 000 Studenten eingeschrieben. Sie bringen viel Leben in das attraktive mittelalterliche Zentrum rund um den bedeutenden romanischen **Dom,** dessen Bau 1080 begann. Wissenswertes über die Geschichte vermittelt ein Rundgang durch ****Kulturen,** das reich ausgestattete kulturhistorische Altstadt-Freilichtmuseum am Tegnérsplatsen samt Café-Restaurant und Shop im »Weißen Haus« (www.kulturen.com, Di bis So 12–16 Uhr, im Sommer länger und auch Mo).

Info

Turistbyrå
Botulfsgatan 1A][221 00 Lund
Tel. 046/35 50 40][www.lund.se

Hotels

■ Grand Hotel
Bantorget 1][Tel. 046/280 61 00
www.grandilund.se
Gediegenes Traditionshaus; gelungene Mischung aus historischen Elementen und modernem Design. ●●●

■ IBIS Hotel
Förhandlingsvägen 4
Tel. 046/31 36 30
www.ibishotel.com
Preisgünstig, ordentlicher Standard, ca. 2,5 km westlich der City. ●●

Karte
Seite 46

*Helsingborg 12

Bis zur Eröffnung der Öresundbrücke verzeichnete die Stadt (120 000 Einw.) mit Schwedens größtem Fährhafen 12,5 Mio. Passagierankünfte im Jahr. Noch immer pendeln die Schiffe im 20-Minuten-Takt über die schmalste Stelle des Öresund ins dänische Helsingør. Vom dichten Verkehr auf einer der meistbefahrenen Wasserstraßen der Welt überzeugt man sich am besten vom einstigen Wachturm ***Kärnan** aus; dort hinauf führt vom Hauptplatz Stortorget die König-Oscar-Treppe (Juni–Aug. tgl. 10–18, sonst Di–So 11–15/16 Uhr). Markant bestimmt das neogotische ziegelrote **Rathaus** (1897) mit seinem 60 m hohen Hauptturm die Silhouette von Helsingborg. Außer einigen Fachwerkhäusern ist die Bebauung sonst eher modern.

1864 ließ Kronprinz Oscar ***Schloss Sofiero** 4 km nördlich von Helsingborg erbauen. Es liegt hoch über dem Öresund und bei guter Sicht blickt man hinüber auf das Hamlet-Schloss Kronborg im dänischen Helsingør. Wundervoll ist ein Spaziergang durch den Park mit über 10 000 Rhododendren – er wurde 2010 zum schönsten Park Europas gekürt (Schloss: Mai–Anfang Okt. tgl. 11–18 Uhr, Park ab April, www.sofiero.se).

Info

Turistbyrå
Bredgatan 2 (direkt am Hafen)
Tel. 042/10 41 30
www.firststopsweden.com

*Halbinsel Kullen 13

In der Steingutstadt ***Höganäs** am Eingang zur Halbinsel Kullen produzieren viele kleine Töpferbetriebe und Kunsthandwerker farbenfrohes Geschirr in traditionellen und modernen Designs. Die Qual der Wahl hat man im großen **Ittala Outlet-Shop, wo auch die Traditionsfirma Höganäs Keramik** vertreten ist (Gärdesgatan 7, Mo–Fr 10–18, Sa/So 10–17 Uhr). Echt gut!

An der Spitze der Halbinsel weist Schwedens lichtstärkstes und höchstgelegenes Leuchtfeuer (75 m ü.d.M.) den Schiffen den Weg in den Öresund. Vom nahen Parkplatz bieten sich Wanderungen durch das Naturreservat Kullen an. Die Fischerdörfer ***Mölle** auf der Westseite und ***Arild** auf der Ostseite der Landspitze haben sich ihren ursprünglichen Charme bewahren können.

Hotels

■ **Grand Hôtel Mölle**
26042 Mölle][Tel. 042/36 22 30
www.grand-molle.se
Erlesenes Ambiente bietet diese Nobelherberge von 1909. ●●●
Dazu gehören das Gourmetrestaurant »Maritime« und das schlichtere Lokal »Seaside«. ●●● bzw. ●

■ **Rusthållargården**
26043 Arild][Tel. 042/34 65 30
www.rusthallargarden.se
Schönes **Hotel verteilt auf mehrere Villen** oberhalb des Örtchens mit weitem Ausblick über das Kattegat. ●●● Echt gut!

Småland und Blekinge

Nicht verpassen!

- Den Besuch einer kleineren Glashütte wie Pukeberg oder Åfors
- Einen Spaziergang über die Wallanlagen des Kalmarer Schlosses
- Die Altstadt von Eksjö mit ihren Holzhäusern
- Mit Kindern einen Ausflug in den Freizeitpark »Astrid Lindgrens Welt« machen

Zur Orientierung

Småland erfüllt die landestypischen Klischees perfekt: Weite Wälder mit blauen Seen, rote Holzhäuser, die direkt einem Bullerbü-Buch entsprungen sein könnten, und gemütliche Städte. Es ist schon erstaunlich, wie sehr Astrid Lindgrens Kinderbücher unser Bild Schwedens geprägt haben. Doch das ist auch nicht verwunderlich: Da die weltberühmte Autorin aus Småland stammte, spiegelt sich die Landschaft ihrer Heimat auch in ihren Büchern.

Blekinge, die kleinste Landschaft und das kleinste Län Schwedens, versteckt sich im Südosten an der Grenze zu Skåne. Hier beginnen die Schären der schwedischen Ostsee-Küste, die sich bis nördlich von Stockholm ziehen. Die kleinen und großen Granitkuppen im Meer erinnern an Ferien auf Saltkrokan, was zwangsläufig wieder an Astrid Lindgren denken lässt.

Småland war im 18. und 19. Jh. das Armenhaus Schwedens und wie kein zweiter Landstrich von der Auswanderung nach Nordamerika betroffen. Mit den internationalen Erfolgen der småländischen Handwerkbetriebe und Kleinindustrie hat sich das Blatt gewendet: Die zahlreichen Glasbläsereien genießen weltweite Reputation, genauso wie die Möbel der Designer aus Lammhult und Värnamo.

Die meisten Urlauber mieten sich ein Ferienhaus in Småland, um vom festen Standort aus die Glasbläsereien zu besuchen, den Städten einen Besuch abzustatten oder in der Natur aktiv zu sein. Kanu fahren auf dem See Åsnen, Wandern im småländischen Hochland oder Radeln auf der Insel Visingsö gehören zu den populären Aktivitäten. Bei der Reiseplanung helfen die Internetseiten der jeweiligen Touristenbüros (www.smaland.se und www.blekinge.se).

Touren in der Region

Durch das Glas- und Möbelreich

(5) Karlskrona › Eriksmåla › Nybro › Orrefors › Kosta › Lessebo › Växjö › Lammhult › Värnamo

Dauer: 2–3 Tage, ca. 280 km
Praktische Hinweise: Wer beim Glasblasen zuschauen möchte, kann dies in der Regel von Montag bis Freitag zwischen 10 und 16 Uhr. Für den abendlichen Hyttsill › S. 66 sollte man vorbestellen. Achtung! Zum Hering gehört in Schweden Schnaps; das Quartier sollte deshalb nicht zu weit weg liegen.

Kreuz und quer auf kleinen Landstraßen führt die Tour durch Småland. Von ***Karlskrona** › S. 62 aus erreicht man über **Emmaboda** die kleine Glashütte ***Åfors** › S. 66 bei Eriksmåla, in der mit einem starken künstlerischen Ansatz gearbeitet wird. Weiter geht es zur Hütte Pukeberg bei **Nybro** › S. 64, wo man übernachtet. ****Orrefors** › S. 645 und **Kosta** › S. 65 heißen die nächsten Stationen. Orrefors ist mehr auf die klassischen Linien und Gläser aus geschliffenem Bleikristall spezialisiert. In Kosta wird in einem riesigen Outlet-Center mehr als nur Glas verkauft. Wie man Papier von Hand schöpft, kann man dann in **Lessebo** › S. 66 beobachten. ****Växjö** › S. 66 lohnt einen Übernachtungstopp u.a. wegen des Schwedischen Glasmuseums.

Weiter nach Norden gelangt man in das sogenannte Möbelreich. Die Region nennt sich so wegen ihrer ungewöhnlichen Dichte an kleinen, exklusiven Möbelfabriken. Allein in **Lammhult** › S. 69 gibt es fünf Hersteller, die mit Showrooms oder Shops präsent sind. In **Värnamo** › S. 69 wirkte der renommierte Designer Bruno Mathsson (1907–1988), an den eine Ausstellung erinnert.

Eine Runde um den Vättern

6 Jönköping › Huskvarna › Gränna › Ödeshög › Vadstena › Motala › Askersund › Karlsborg › Hjo › Jönköping

Dauer: 2–3 Tage, ca. 350 km
Praktische Hinweise: Ein Abstecher auf die Insel Visingsö verlängert die Tour um einen weiteren Tag. In der Nebensaison verkehrt die Fähre ab Gränna nur selten; für die Autofähre empfiehlt sich eine Reservierung (www.visingso.net, Tel. 03 90/410 25).

Schwedens zweitgrößter See, der Vättern, wird auf dieser Tour einmal umrundet. Zu Beginn wartet ein Stück schwedische Industriegeschichte: Das Streichholzmuseum in ***Jönköping** › S. 72 und das Firmenmuseum von **Husqvarna** › S. 72 mit Motorrädern, Kettensägen, Rasenmähern und Nähmaschinen lohnen einen Besuch. Die E4 zwischen Huskvarna und Gränna verläuft sehr schön auf dem hohen Ufer des Vättern; die Alternative auf der Landstraße über Ölmstad passiert dagegen schöne, große Bauernhöfe, wie sie für diese Gegend typisch sind.

In ***Gränna** › S. 72, Schwedens Stadt der Zuckerstangen, beginnt die Panoramastraße, die am Ufer des Vättern bis nach Ödeshög führt. Von Gränna, wo eine Übernachtung ansteht, verkehren Fähren zur weitgehend autofreien Insel Visingsö, die sich mit dem Fahrrad oder per Kutsche (*Remmalag*) erkunden lässt. Auch in ****Vadstena** › S. 73 lohnt ein längerer Aufenthalt, denn es versammelt viele historische Bauten, so ein Schloss und das Birgitten-Kloster, das heute ein Hotel ist. Vadstena gehört wie das nahe

Motala › S. 73 bereits zur Region Östergötland. In Motala mündet der Göta-Kanal in den großen Vättern, und in Motola begann im Mai 1818 der Bau des Kanals, der 1832 fertiggestellt wurde. Beim charmanten Städtchen **Askersund ›** S. 74 ist die Nordspitze des Sees Vättern erreicht, der hier einige Schären wie an der Küste aufweist.

Wichtigster Ort auf dem Westufer des Vättern ist **Karlsborg ›** S. 74 mit seiner riesigen Festung aus dem 19. Jh. Hier beginnt jener Abschnitt des Göta-Kanals, der Vättern und Vänern miteinander verbindet. Nicht versäumen sollte man einen Besuch im benachbarten ***Forsvik ›** S. 74, wo sich die älteste Schleuse des Kanals befindet. Im örtlichen Industriemuseum baut man einen Schaufelraddampfer aus dem Jahre 1848 mit den alten Handwerkstechniken neu auf. Der nächste (Übernachtungs-)Stopp heißt ***Hjo ›** S. 74, das über ein schöne Altstadt mit historischen Holzhäusern verfügt. Über die hohen Ufer bei Bankeryd geht es anschließend zurück nach Jönköping.

⑤

Durch das Glas- und Möbelreich
Karlskrona › Eriksmåla › Nybro › Orrefors › Kosta › Lessebo › Växjö › Lammhult › Värnamo

⑥

Eine Runde um den Vättern
Jönköping › Huskvarna › Gränna › Ödeshög › Vadstena › Motala › Askersund › Karlsborg › Hjo › Jönköping

Småland und Blekinge
O S T S E E
Ö s t e r g ö t l a n d
B l e k i n g e
Gotland
Öland
Kalmarsund
Norrköping
Linköping
Motala
Mjölby
Finspång
Nyköping
Oxelösund
Söderköping
Västervik
Oskarhamn
Kalmar
Karlskrona
Ronneby
Nybro
Vetlanda
Eksjö
Vimmerby
Borgholm
Visby
Kolmårdens djurpark
Blå Jungfrun Nat.-park
Ölands Norra Udde
Ölands Södra Udde
Gdynia
Nynäshamn
Tingsryd
Emmaboda
Lessebo
Kosta
Orrefors
Hovmantorp
Gotland
0
30 km

In Småland und Blekinge

Mörrum 1

In Anglerkreisen genießt dieser Ort Weltruhm, denn der gleichnamige Fluss ist das südlichste Lachsgewässer Nordeuropas, dessen Fische wegen ihrer Größe in den letzten Jahren mehrmals im Guinnessbuch der Rekorde landeten. Mitten im Ort kann man im ***Laxens Hus** nicht nur Angellizenzen, sondern auch mit etwas Glück durch die Unterwasserfenster ein paar **Fische die Lachstreppe hinaufspringen sehen** (April bis Okt. tgl. 9–16 Uhr, Tel. 04 54/501 23, www.morrum.com). Im dazugehörigen Restaurant »Laxeria« (●) gibt es den Fisch in zahlreichen Varianten.

Echt gut!

***Karlskrona 2

Die Stadt (60 000 Einw.) wurde 1680 als Liegeplatz für die schwedischen Kriegsschiffe gegründet, weil der Hafen hier nahezu eisfrei bleibt. Seitdem ist Karlskrona der wichtigste Marinestützpunkt Schwedens. Noch bis in die 1990er-Jahre hinein durfte er von Ausländern nicht besucht werden. Die historischen Militäranlagen gehören heute zum UNESCO-Weltkulturerbe. Das Seefahrererbe bewahrt das ***Schwedische Marinemuseum.** Es zeigt natürlich Schiffe – vor allem **das jahrhundertealte Wrack der »Göta Lejon«,** die als Unterwasserexponat von einem verglasten Tunnel aus zu betrachten ist. Der Komplex umfasst weiterhin das weltälteste Trockendock, Schiffsschmieden und diverse Bastionen und Festungen (Di–So 11–16 Uhr, Juni–Aug. tgl., Eintritt gratis, www.marinmuseum.se).

Echt gut!

Sehenswert sind auch die beiden Kirchen der Stadt, die der Hofarchitekt Nicodemus Tessin d. J. (1654–1728) im italienischen Barockstil entworfen hat.

Die südliche Schärenküste vor Karlskrona ist ein Paradies für Segler. Reisenden ohne eigenes Boot empfiehlt sich die **Rundfahrt mit dem Sightseeingboot »Spättan«** ab Fisketorget (www.affarsverken.se, Tel. 04 55/783 30). Am Fisketorget informiert das ***Blekinge Museum** über Schwedens kleinste Provinz (Juni–Aug. tgl. 10–18, sonst Di–So 11–17 Uhr und gratis; mit Café).

Echt gut!

Info

■ **Turistbyrå**
Stortorget 2][Tel. 04 55/30 34 90
www.karlskrona.se

■ **Region Blekinge**
Ronnebygt. 2][Tel. 04 55/30 50 20
www.blekinge.se

Hotels

■ **First Hotell Statt**
Ronnebygt. 37–39][Tel. 04 55/555 50
www.firsthotels.com
Edles Haus von Ende des 19. Jh im Stadtkern mit bestem Service. ●●●

■ **Hotel Carlscrona**
Skeppsbrokajen][Tel. 04 55/36 15 00
www.choicehotels.com
Zentrumsnahes, modernes Mittelklassehotel mit Restaurant und Bar. ●●

**Kalmar 3

Die hübsche, alte Stadt (60 000 Einw.) zeigt sich besonders beeindruckend, wenn man sie mit dem Segelschiff ansteuert, denn das ****Schloss** mit seinen vier dicken Wehrtürmen thront mächtig über dem Kalmarsund. 1397 hatten sich die nordischen Länder unter der Dänenkönigin Margarete I. dort zur Kalmarer Union zusammengeschlossen. Gustav Vasa ließ die Anlage in der ersten Hälfte des 16. Jhs. im Renaissancestil ausbauen. Im Schlossmuseum sieht man das besonders prächtige Gemach Eriks XIV. (Mai–Sept. tgl. 10–16 Uhr, April/Okt. Sa, So u. sonst jedes 2. Wochenende 11–15.30 Uhr, www. kalmarslott.se).

Die Stadt selbst wurde 1647 mit eigenen Wallanlagen planmäßig auf der Insel Kvarnholmen angelegt. Teile der ursprünglichen Bebauung sind erhalten. Nördlich davon entstand auf der ehemaligen Werften-Insel Varvsholmen ein sehenswertes modernes Stadtviertel, das einen gelungenen Kontrast zur historischen Innenstadt bildet.

Im ***Kalmar Läns Museum** am Hafen sollte man das Kriegsschiff »Kronan« nicht versäumen, das 1676 bei einer Schlacht vor Öland sank. In den 1970er-Jahren wurden Wrackteile samt der kostbaren Ausstattung geborgen (Mo bis Fr 10–16, Sa, So 11–16 Uhr).

Geschichtsträchtiges Schloss Kalmar

Info

■ **Turistbyrå**
Ölandskajen 9][Tel. 04 80/41 77 00
www.kalmar.com

■ **Regionförbundet i Kalmar län**
Tel. 04 80/44 83 30
www.smaland-oland.se

Hotels

■ **Slottshotellet**
Slottsvägen 7][Tel. 04 80/882 60
www.slottshotellet.se
Romantik-Hotel mit Blick auf Schloss und Sund. 44 wohnliche, mit Antiquitäten, Kronleuchtern und Orientteppichen eingerichtete Zimmer. ●●●

■ **Nya Frimurarehotellet**
Larmtorget 2][Tel. 04 80/152 30
www.frimurarehotellet.com
Liebevoll restaurierte Stadtvilla mit geräumigen Zimmern; Fahrradverleih. ●●

■ **Calmar Stadshotell**
Stortorget 14][Tel. 04 80/49 69 00
www.profilhotels.se

Weißer Jugendstilpalast am Marktplatz mit hellen, modernen Zimmern. ●●

■ **Kalmar Hotell Svanen**
Rappegt. 1][Tel. 04 80/255 60
www.hotellsvanen.se
Einfaches Budget-Hotel und Jugendherberge mit Familienzimmern, etwa 1 km nördlich vom Zentrum. ●

Restaurant

Calmar Hamnkrog
Skeppsbrogt. 30][Tel. 04 80/41 10 20
www.calmarhamnkrog.se
Echt gut! Moderne Mischung aus **Gourmetrestaurant und Hafenkneipe.** Gespeist wird vorzüglich, man kann aber auch nur auf ein Bier oder einen Whisky in der beliebten Bar vorbeikommen. So geschl. ●●

Moderne Glaskunst

Einst dort entstanden, wo es genug Brennholz für die Schmelzöfen gab, ist das sogenannte Glasreich in Småland rund um Kosta und Orrefors seit 400 Jahren Zentrum der schwedischen Glasherstellung. Berühmt sind die Erzeugnisse heute wegen ihrer innovativen Formgebung. Schon 1916 erkannte die Hütte von Orrefors die Bedeutung des Designs für den Erfolg eines Produkts und beauftragte den Maler und Buchillustrator Edvard Hald mit der künstlerischen Leitung. Seitdem haben die Bläsereien Generationen von Designern an sich gebunden. Nach den eher strengen Formen der 1950er-Jahre bringt vor allem Bertil Vallien seit 1963 frischen Wind – Farbe und freie Formen – in die Glasgestaltung. Er ist die Lichtgestalt der internationalen Szene, seine Objekte werden weltweit ausgestellt. Mehrere seiner großen Werke – einige Schiffe etwa – können in Åfors besichtigt werden.

3 Im Glasreich

Nybro 4

In der Glashütte Pukeberg in Nybro entstanden zwischen 1930 und 1960 die gläsernen Leuchtreklamen, die als Kopf auf den Zapfsäulen der Tankstellen saßen. Modernes Lampendesign gehört heute noch zu den Betätigungsfeldern der Firma, eine eigene Möbelserie wird ebenfalls entworfen. Im Backsteingebäude der Glashütte, einem schönen Beispiel für Industriearchitektur des 19. Jhs, kann man den Glasbläsern bei ihrer Arbeit zusehen (März–Dez. Mo–Fr 9–15 Uhr) und die Produkte dann auch kaufen (Pukebergarnas väg, Mo bis Fr 10–18, Sa 10–15, So 11–16 Uhr, www.bruksshopenipukeberg.se).

Hotels

■ **Stora Hotellet**
Mellangt. 11][Tel. 04 81/519 38
www.storahotellet.se
Großes Haus mit schlichten, aber hellen und freundlichen Zimmern, Restaurant und gemütlichem Pub. ●●

■ **Nybro Lågprishotell och Vandrarhem**
Vasagt. 22
Tel. 04 81/109 32
www.nybro-vandrarhem.se
Recht einfach, aber angenehm; 40 Zimmer in zwei Kategorien. ●

Karte Seite 60

**Orrefors 5

In der 1898 gegründeten Glasbläserei von Orrefors wartet das **Glasmuseum** mit einer sehenswerten Ausstellung über modernes schwedisches Design. Hier ist u.a. die legendäre Bacchusschale von Simon Gate zu sehen, die 1922 auf der Weltausstellung in Paris ausgezeichnet wurde. Bis heute kooperiert Orrefors mit wichtigen Glasdesignern und bietet aktuelle Produkte in seiner Verkaufsausstellung an. Ein Bummel über das historische Werksgelände gibt einen Eindruck von den Anfängen der Industrialisierung mitten im Wald Smålands (www.orrefors.se, Shop: Mo–Fr 10–18, Sa 10–16, So 12–16 Uhr).

Kosta 6

Schwedens älteste noch produzierende ****Glashütte Kosta** wurde 1742 von den Bezirksvorstehern Koskull und Staël gegründet. Aus den ersten Buchstaben ihrer Namen wurde der Firmenname gebildet. Unbedingt sehenswert ist die Ausstellung: Neben den Produkten verdient vor allem die kleine historische Sammlung Aufmerksamkeit. Dort erfährt man auch, dass einige der ersten Kosta-Produkte Fensterscheiben waren.

In der großen Verkaufshalle erhalten Sie Produkte aller Hütten des Konzerns Orrefors-Kosta-Boda (Mitte Juni–Aug. Mo–Fr 10 bis 20, Sa, So 10–18 Uhr, sonst Mo –Fr 10–18, Sa 11–16, So 11–17 Uhr). Markenmode etc. bekommt man in Schwedens größtem Outlet-Center (www.kostaoutlet.se).

Schlicht und schön: die Orrefors-Serie »Crystal in Freedom«

Südwestlich von Kosta leben in den Freigehegen von **Grönåsens Elchpark** mehrere Elchfamilien – darunter das Paar Carl-Gustav und Silvia. Dazu gibt es eine Elch-Ausstellung und einen Souvenir-Shop (Ostern–Okt. 10–18 Uhr, www.moosepark.net). Echt gut!

Hotels

Kosta Boda Art Hotel
Stora Vägen 75][Tel. 04 78/348 30
www.kostabodaarthotel.com
Topmodernes Design- und Wellnesshotel mit Glaskunst sogar im Pool. ●●●

Hotell Björkängen
Stora Vägen 2][Tel. 04 78/500 00
www.hyttsill.com
Familienhotel mit 26 einfachen Zimmern, Restaurant und Hyttsill-Abenden. ●

Eriksmåla 7

In der Hütte ***Åfors** nahe dem Ort geht es vor allem um die Umsetzung innovativer Ideen und Techniken. Die Objekte, die hier entstehen, basieren hauptsächlich auf Entwürfen der international renommierten Künstler Ulrica Hydman-Vallien, Gunnel Sahlin und Bertil Vallien (Tel. 04 81/342 74; Mo–Fr 10–18, Sa 10–16, So 12–16 Uhr).

Lessebo 8

Statt Glas wird hier ein völlig anderes Produkt, das angesichts des Waldreichtums in Småland naheliegend scheint, hergestellt. Nach 300 Jahre alter Tradition wird in **Lessebos handpappersbruk** Papier von Hand geschöpft. Die edlen Bögen kann man natürlich im angeschlossenen Laden kaufen – ein originelles småländisches Souvenir (Storgatan 79, Mo–Fr 9–12, 13–17 Uhr, Manufaktur-Führungen: Tel. 04 78/476 91).

Hyttsill im Glasreich

Feierabend im Glasreich. In den heißen Kammern, in denen tagsüber die Objekte von über 1000 °C Hitze allmählich heruntergekühlt werden, wird nun *hyttsill* – Hering nach Glashüttenart – gegart, wie früher, als die Arbeiter ihr Abendbrot in den Öfen zubereiteten. Einheimische wie Touristen lassen sich die småländische Hausmannskost mitten in der rauchig-warmen Glasbläserei gut schmecken.

Es gibt *isterband*, eine kräftige Wurst, Salzhering und überbackene Kartoffeln, und zum Nachtisch leckeren *ostkaka* – eine Art Käsekuchen – mit Preiselbeeren. Musik und Gesang gehören natürlich auch dazu, ebenso wie eine Glasbläser-Vorführung. Informationen gibt's bei den Glasbläsereien und bei Glasriket AB (Tel. 04 81/452 15, www.glasriket.se).

Hovmantorp 9

Zu den Erzeugnissen der Glashütte **Sandvik** (Tel. 04 78/405 15) gehörten u.a. die preisgekrönten Nobel-Gläser des Glasdesigners Gunnar Cyrén. Sie zieren die Tafel beim Bankett anlässlich der jährlich in Stockholm stattfindenden Nobelpreisverleihungen.

Seit der Fusion mit der Glashütte Bergdala dient die **Strömbergshyttan** (ca. 4 km östlich, Tel. 04 78/310 55) als Shop. Die Erfolgsserie »Studioglas«, ein farbenfrohes, verspieltes, von Designern entworfenes Gebrauchsglas von hoher handwerklicher Qualität wird in Bergdala weiterproduziert (ca. 10 km nordöstl. www.bergdaladesign.se).

**Växjö 10

Seit dem 12. Jh. ist die Stadt (75 000 Einw.) ein bedeutendes geistiges Zentrum, deren Hochschule an die Tradition der Domschulen anknüpft. Ein Besuch im **Dom** lohnt v.a. wegen des 2003 von Bertil Vallien geschaffenen Glasaltarbilds. Den Exodus der Bevölkerung im 19. Jh. dokumentiert das ***Utvandrarnas Hus**

(Vilhelm Mobergs gt. 4, Juni–Aug. Mo–Fr 10–17, Sa, So 11–17 Uhr, sonst kürzer und Mo geschl.). Das ***Smålandsmuseum** beherbergt das Schwedische Glasmuseum und gibt einen umfassenden Überblick über die Geschichte der schwedischen Glasherstellung (Södra Järnvägsgatan 2, Juni–Aug. Mo–Fr 10–17, Sa–So 11–17 Uhr, sonst Mo geschl.).

Info

Turistbyrå
Kronobergsgatan 7
Tel. 04 70/73 32 80][www.vaxjo.se

Hotels

■ **Clarion Collection Hotel Cardinal**
Bäckgatan 10][Tel. 04 70/72 28 00
www.choicehotels.no
Ruhiges Haus in der Fußgängerzone. An den Wänden hängen Gemälde. Restaurant mit internationaler und schwedischer Küche. ●●

■ **Teleborgs Slott**
5 km südl. von Vaxjö am Trummensee
Tel. 04 70/77 86 60
www.teleborgsslott.se
Romantikhotel aus dem 19. Jh., dessen Gestaltung sich an die mittelalterlichen Burgen im Rheintal anlehnt. ●●

■ **Vandrarhem Växjö**
Evedals Brunn][Tel. 04 70/630 70
www.vaxjovandrarhem.nu
Gästehaus mit dem Flair der Zeit um 1900. Teils Mehrbettzimmer. ●

Restaurant

PM & Vänner
Storgt. 22–24][Tel. 04 70/70 04 44
www.pmrestauranger.se
Echt gut! **Feines, elegantes Restaurant der schwedischen Top-Liga.** Die Basis des Erfolgs sind småländische Tradition in reduzierter Form und Zutaten aus Wald, Wiese und Seen (So–Di geschl., ●●●). Das preiswertere Bistro & Bar unter gleicher Leitung liegt zwei Häuser weiter (So geschl.).

Ausflüge

Als imposante Ruine thront Schloss ***Kronoberg** (14. Jh.) auf einer Insel im See Helgasjön, 6 km nördlich von Växjö. Eine hölzerne Brücke führt hinüber zur Ruine (Mai–Sept. geöffnet). Von dort aus starten im Sommer Fahrten mit dem 1887 gebauten Dampfer »Thor« über den Helgasjön.

Am Wasserlauf zwischen den Seen Salen und Åsnen, 20 km südlich von Växjö, liegt die frühindustrielle Gutsanlage **Huseby Bruk** **11** mit Haupthaus, Werkstätten, Mühlen, Schmieden, Sägewerk und Arbeiterhütten. Sie ist die größte und älteste ihrer Art in Småland und zieht heute viele Be-

Wassermühle in Huseby Bruk

sucher an (www.husebybruk.com, Juni–Aug. tgl. 11–17 Uhr). Im alten Pferdestall des Gutes speist man im rustikalen Restaurant **Stallet** (Tel. 04 70/ 75 20 04, ●●), die Schmiede beherbergt ein gemütliches Café. ●●

Im Möbelreich

Älmhult 12

Größte Attraktion der Stadt (16 000 Einw.) ist die abwechslungsreiche Landschaft um den nördlich gelegenen Möckelsee.

Echt gut!

Die besten Plätze zur Tierbeobachtung

- Mit 100 %iger-Sicherheit sieht man einen Elch im **Grönåsen Älgpark** › S. 65 bei Kosta. Die Tiere leben hier in Freigehegen.
- Eine elchreiche Gegend ist der **Naturpark Hunneberg** › S. 96. Alle zwei Jahre findet hier die königliche Elchjagd statt. Von Aussichtspunkten kann man versuchen, sie in freier Wildbahn zu erspähen.
- **Elchsafaris** im småländischen Hochland mit 90 %iger-Erfolgsgarantie bietet das Hotel Vrigstad Värdshus (Kyrkogatan 2, 57003 Vrigstad, Tel. 03 82/57 50 00, www.hotelvrigstad.se, ●●) an.
- Lachse kann man im **Laxens Hus** › S. 62 in Mörrum beobachten, wo sie über eine Lachstreppe den Fluss hinaufspringen.
- Der südlichste Punkt der Insel Öland › S. 131 rund um den **Leuchtturm Långe Jan** ist ein Paradies für Vogelfreunde.

Der See sowie der Oberlauf des Helge å sind beliebte Paddelreviere. Vielerorts kann man Kanus leihen, z.B. bei Sjöfors Kanot (Kölaboda 90, Tel 04 76/ 332 81). Hier eröffnete 1958 das erste Möbelhaus von IKEA: es begann der weltweite Siegeszug der von Ingvar Kamprad gegründeten Marke. Dieser Erfogsgeschichte widmet sich die Ausstellung »*IKEA genom tiderne* – »Ikea im Lauf der Zeit«, im Hotel Värdshuset (Do 12–19, Fr–So 12–16 Uhr).

Info

Turistbyrå
Stortorget 1][Tel. 04 76/551 52
www.almhult.se

Hotel

IKEA Värdshuset
IKEAgatan 1][Tel. 04 76/64 11 00
www.vardshuset.nu
Hotel und Restaurant gegenüber dem IKEA-Stammhaus mitten in Älmhult. Alles im IKEA-Design: hell, freundlich, praktisch – und preiswert. ●

Ausflug nach *Råshult 13

In Råshult, ca. 10 km nördlich von Älmhult, wurde 1707 der Botaniker Carl von Linné › S. 116 geboren. Linnés großes Verdienst ist das Werk »Systema Naturae«, das die noch heute geltende Klassifizierung der Flora und Fauna vorstellt. **Linnés Råshult Kulturreservat** erinnert an den großen Forscher; ein Spaziergang auf dem Gelände (ca. 2 Std.) führt durch Wiesen und Obstgärten, die traditionell bewirtschaftet werden

Karte Seite 60

(Mai–Aug. tgl. 11–18 Uhr, www.linnesrashult.se).

Auf **Möckelsnäs**, einer nahe gelegenen Halbinsel im Möckeln-See, wurde 2005 eine Orangerie nach Plänen von Linné errichtet. Das Original hatte der Forscher einst in Uppsala erbauen lassen.

Lammhult 14

In dem kleinen Ort haben fünf bedeutende Hersteller ihre Produktion, Produktentwicklung und Showrooms: Lammhults, Norrgavel, Svenssons, Abstracta und Nilssons liegen hier einträchtig beieinander. Werktags sind die Besucherbereiche geöffnet.

Info

Möbelrikets Turistbyrå
Jönköpingsvägen 2
Tel. 04 72/26 01 42
www.lammhult.com

Värnamo 15

Attraktion der gemütlichen Stadt am Lagan (32 000 Einw.) ist das **Bruno Mathsson Center.** Es ist Studio und Ausstellungsraum des bekannten Möbeldesigners, der seinen Durchbruch im Funktionalismus der 1930er-Jahre hatte (Tånnögatan 17, Mo–Fr 8–12, 13–17 Uhr, Eintritt frei). Värnamo lockt zudem als Marktstadt.

Echt gut!

Spaß macht die **Fahrt mit der Museumsbahn Ohsabanan,** die südöstlich von Värnamo über die 14 km lange Schmalspurstrecke von Ohs Bruk nach Bor dampft (Tel. 03 70/65 10 75, www.ohsabanan.com, wechselnde Tage im Hochsommer).

Info

Turistcentral
Storgt. 50][Tel. 03 70/188 99
www.visit-varnamo.com

Hotel

Design Hotellet Scandic Värnamo
Storgatsbacken 20
Tel. 03 70/65 66 00
www.scandichotels.com
Hochhaus aus den 1950er-Jahren, komplett modernisiert und teils mit Möbeln von Bruno Mathsson, teils im Stil junger småländischer Designer eingerichtet. ●●●

5 *Store-Mosse-Nationalpark

Der Nationalpark schützt Schwedens größtes zusammenhängendes Hoch- und Niedermoorgebiet, dessen karge Landschaft an Lappland erinnert. Von Beobachtungstürmen aus erschließt sich die reiche Vogelwelt – besonders viele Arten nisten rings um den See Kävsjon, wo auch das Infozentrum liegt. Durch das 7850 ha große Gebiet führen schöne Wanderwege.

Ganz in der Nähe des Haupteingangs zum Nationalpark bietet die Westernstadt ***High Chaparral** in Hillerstorp **turbulente Wildwestatmsphäre** mit Shows und Stunts (www.highchaparral.se, Juni–Aug. tgl. 10–18 Uhr).

Echt gut!

Gnosjö 16

Von der Kreativität und Geschäftstüchtigkeit der Småländer zeugen nicht nur Glas- und Möbelreich, sondern auch das

***Töllstorp Industriemuseum** mit betriebsfähigen Werkstätten und Wassermühlen, wo seit dem 18. Jh. Draht gezogen wird. Einst stellte man hier Sicherheitsnadeln oder Fliegengitter her; heute sind es Einkaufswagen (www.industrimuseum.gnosjo.se, Juni–Aug. tgl. 13–16 Uhr, sonst nach Voranmeldung). Eine Variante der Erfolgsstory bietet ***Hylténs Museum**, eine 1974 stillgelegte Eisengießerei (Mo–Fr 13–16 Uhr oder nach Voranmeldung).

Info

Turistinfo
Storgatan 8][Tel. 03 70/33 10 41
www.gnosjo.se
Vermittelt auch Besuche im Industriemuseum.

Hotels

■ Hestravikens Wärdshus
Vik][33027 Hestra (15 km nördl.)
Tel. 03 70/33 68 00
www.hestraviken.se
Echt gut! Romantisches Gasthaus mit 40 behaglichen Zimmern, Wellnessbereich und vielfach prämierter Küche. ●●

■ Vandrarhem Gnosjö
Fritidsvägen 6][33532 Gnosjö
Tel. 03 70/33 11 15][www.stfturist.se
Einfache, kleine Herberge in schöner Lage direkt am Fluss, mit Kanuverleih. ●

Oskarshamn 17

In der Werft- und Hafenstadt zeigt das **Sjöfartsmuseum** nach seinem Umbau wieder die Stadtgeschichte (Hantverksgt. 18). Eine Bedeutung für Touristen hat Oskarshamn hauptsächlich wegen der Fähre nach Visby › S. 132 auf Gotland. Nördlich des Orts führt der Wanderweg *Ostkustleden* ins Binnenland.

Fähre

Destination Gotland
Tel. 07 71/22 33 00
www.destinationgotland.se

Hotels

Hotel Corallen
Gröndalsgt. 35][Tel. 04 91/76 81 81
www.hotelcorallen.se
Modernes Haus in Hafennähe, Zimmer teilweise mit Meerblick. ●●

*Västervik 18

In der hübschen Stadt lohnt ein Spaziergang durch das historische Zentrum mit alten Gassen und gut erhalten Holzhäusern, die sich malerisch an einem Ostseearm aneinanderreihen. Die stille Idylle wird lediglich im Juli durch das große Motorradtreffen gestört (www.mcdagarna.se).

4 **Astrid Lindgrens Värld

Hauptattraktion der charmanten Kleinstadt **Vimmerby** 19 ist der Freizeitpark. In der Geburtsstadt der berühmten Kinderbuchautorin ist in »Astrid Lindgrens Welt« fast der ganze Kosmos ihrer Bücher nachgebaut. Schauspieler improvisieren Spielszenen. Restaurants, Cafés und ein Shop runden das Angebot ab › S. 17. Seit 2007 – dem Jahr des 100. Ge-

Karte Seite 60

Typisch für den Altstadtkern von Eksjö: Anlagen wie Fornminnesgarden

burtstags von Astrid Lindgren – gibt es neben ihrem Geburtshaus **Näs** eine Ausstellung über ihr Leben (www.astridlindgrensnas.se).

Info

Turistbyrån
Rådhuset 1][Tel. 04 92/310 10
www.vimmerbyturistbyra.se

Unterkunft

Nybble Gård
Nybble][Tel. 04 92/313 44
www.nybble.h.se
Netter Bauernhof, ca. 1 km vom Freizeitpark entfernt. ●

**Eksjö 20 und Umgebung

Im smäländischen Hochland liegt Eksjö (17 000 Einw.) mit seiner Altstadt in geschlossener Holzbauweise. Attraktiv sind die hofartigen Anlagen mit gezimmerten Laubengängen und großen Toren, z.B. ***Aschanska Gården.** Auch das **Eksjö-Museum** in einem der prächtigen Stadthöfe (mit Jugendherberge u. Infobüro) lohnt den Besuch.

Eksjö ist ein **guter Standort für Aktivurlauber.** Echt gut! Im Höglandets Kanotcenter südlich des Orts kann man Kanus mieten (Tel. 03 81/400 81) und auch der **Höglandsleden-Wanderweg** ist ab Eksjö gut erreichbar. Oder man wird Goldsucher: In **Ädelfors** lassen sich immer ein paar Nuggets finden (Tel. 03 83/46 00 00).

Info

Eksjö Turistbyrå
Norra Storgt. 29][Tel. 03 81/361 70
http://deu.visiteksjo.se

Hotels

■ **Stadshotell**
Stora Torget][Tel. 03 81/130 20
www.eksjostadshotell.se
Repräsentationsbau am Markt. Große Zimmer, ordentlicher Service, Restaurant mit schwedischer Hausmannskost. ●

Vandrarhem Eksjö
Norra Storgt. 29][Tel. 03 81/361 70
www.stfturist.se
Gästehaus in einem denkmalgeschützten Stadthof aus dem 17. Jh. ●

Shopping

Qvarnarp Byggnadsvårdsbutik
Kvarnaps Gård, südlich von Eksjö
Tel. 03 81/361 95
Im »antiken Baumarkt« findet man alles, um mit Originalteilen aus alten Häusern zu restaurieren.

Am Vättern

*Jönköping/ Huskvarna 21

An die Bedeutung der 1845 gegründeten Zündholzfabrik erinnert ***Tändsticksmuseet.** Sicherheitszündhölzer aus Jönköping (118 000 Einw.) waren seit Mitte des 19. Jhs. ein weltweit verbreitetes Qualitätsprodukt (Juni bis Aug. Mo–Fr 10–17, Sa/So bis 15, sonst Di–Sa 11–15 Uhr, gratis).

Die Geschichte der småländischen Eisenfabrikation dokumentiert ***Jönköpings Läns Museum**, das auch eine Sammlung von Werken des für seine Troll-Bilder bekannten Malers und Kinderbuchillustrators John Bauer zeigt (Juli/Aug. auch Mo, sonst Di–So 11–17, Mi bis 20 Uhr).

Ein Shoppingausflug führt ins Einkaufszentrum **A6 Center** im Gewerbegebiet an der Autobahn E4 (www.a6center.se, Mo–Fr 10 bis 20, Sa 10–18, So 11–17 Uhr).

Jönköping geht über in die Nachbarstadt **Huskvarna**, wo seit über 300 Jahren die Wasserfälle für die Husqvarna-Werke als Energielieferant dienen. Die Firma, einst königliche Waffenschmiede, ist heute u.a. für ihre Gartenmaschinen bekannt. Das Fabrikmuseum zeigt Produkte aus der Firmengeschichte von Gewehren über Nähmaschinen und Kettensägen bis zu Motorrädern (Mai–Sept. Mo bis Fr 10–17 Uhr, Sa/So 12–16, Okt.–April Mo–Fr 10–15 Uhr, Sa/So 12–16 Uhr).

Info

Turistbyrå
Järnvägsstationen][Tel. 036/10 50 50
www.destinationjonkoping.se

Hotel

Clarion Collection Hotel Victoria
Elmgrens Gata 5][Tel. 036/71 28 00
www.victoriahome.com
Altstadthaus mit 90 frisch renovierten Zimmern mitten in Jönköping. ●●●

Restaurant

Den småländska kolonin
Kyrkogatan 4][Tel. 036/71 22 22
Trendige schwedische Küche und (Wein-)Bar. So geschl. ●●

*Gränna 22

Von hier kommen die rotweißen Pfefferminz-Zuckerstangen, die – dank Pippi Langstrumpf – inzwischen viele Kinder kennen. Das **Andréemuseet** erinnert an den Polarforscher Salomon August Andrée, der 1897 vergeblich versuchte, mit einem Ballon zum Nordpol zu fliegen. Im Sommer kann man am Sandstrand nahe dem Hafen relaxen oder die Insel **Visingsö** erkunden › Tour S. 59.

Karte
Seite 60

Hotels

Hotell Örensbaden
Örserum][Tel. 03 90/301 70
www.hotell-orensbaden.se
Moderneres, von viel Grün umgebenes Haus am See Ören, etwa 10 km östlich von Gränna. ●●●

Grännagården
Hamnvägen 2][Tel. 03 90/100 91
www.grannagarden.com
Einfacheres Haus, 10 Zimmer, Frühstück inkl.usive. ●●

Restaurant

Gyllene Uttern
Gränna][Tel. 03 90/108 00
www.gylleneutternhotelgroup.com
Restaurant des schmucken gleichnamigen Hotels mit großer Fischkarte. ●●●

**Vadstena 23

Die idyllisch am Vättern gelegene Kleinstadt (7700 Einw.) ist als Wirkungsstätte der hl. Birgitta berühmt, die hier Ende des 14. Jhs. den Birgittinnenorden des Heiligen Erlösers gründete. Das im 15. Jh. erbaute Kloster dient heute als Restaurant und Hotel. Die dreischiffige **Klosterkirche** von 1430 wirkt immer noch wie Birgitta es einst wünschte: »einfach, demütig, aber stark«.

Am Seeufer erhebt sich prachtvoll das ***Vasa-Schloss** aus dem 16. Jh. (Mitte Mai–Mitte Sept. tgl. 12–15 Uhr). Im Hof werden jeden Sommer Opernaufführungen gegeben.

Info

Turistbyrå
Storgatan][Tel. 01 43/315 71
www.ostergotland.info

Hotels

Vadstena Klosterhotell
Tel. 01 43/315 30
www.klosterhotel.se
Stimmungsvolles Ambiente im Gemäuer des ehemaligen Klosters direkt am See. Die Zimmer sind auf mehrere Gebäude verteilt. Zum Hotel gehören auch zwei Restaurants, eines in den Klostergewölben und ein Gartenrestaurant im Zentrum. ●●●

27ans Nattlogi
Storgt. 27][Tel. 01 43/765 60
www.sevadstena.se
Einfache, mitten im Ort gelegene Pension mit Zimmern im IKEA-Stil und Gemeinschaftsküche. ●

Motala 24

Nicht weit von Schwedens erstem Heilbad, dem 1678 gegründeten Medevi Brunn, liegt Motala (42 000 Einw.) am östlichen Teil des Göta-Kanals › Special S. 87. Er verbindet den Vättersee und die Ostsee. An seiner Mündung in den Vättern dokumentiert die ****Göta Kanalutställning** die Geschichte des größten Bauwerks Schwedens (Ende Mai–Mitte Aug. tgl. 11–17 Uhr).

Auf dem Marktplatz von Motala erinnert eine Statue an Baltazar von Platen, den Erbauer des Kanals und der Festung Karlsborg › S. 74. Von Platen starb 1829 und wurde in Motala neben dem Kanal bestattet.

Von Motala auskann man eine **romantische Abendkreuzfahrt mit Essen an Bord** über den Vättern genießen (www.kungsverker.se, Tel. 0 70/626 02 49, Mai–Okt. Mi, Fr 19–23 Uhr).

Echt gut!

Askersund 25

Die Kleinstadt am Nordende des Vättern zeigt ein idyllisches Stadtbild mit Holzhäusern und einem gepflastertem Marktplatz. Sie ist idealer Ausgangspunkt für Ausflüge in die Schären des Sees oder in die Wildnis des ****Tiveden-Nationalpark**, ein ursprüngliches 1000 km² großes Waldgebiet mit reizvollen Wanderwegen (www.tiveden.se), die immer wieder vorbei an Felsformationen und kleinen Seen führen. Die hier 1856 entdeckte Unterart der Weißen Seerose wurde als erste Pflanzenart in Schweden geschützt.

Echt gut!

Geschichte zum Anfassen

- Die Bronzezeit wird in der Burganlage **Eketorp** › S. 138 auf Öland lebendig. Handwerker arbeiten mit historischen Techniken, Tiere werden wie einst gehalten.
- In **Foteviken** › Special S. 18 zwischen Trelleborg und Malmö kann man im Sommer im nachgebauten Wikingerdorf selbst zum Wikinger werden.
- Mehr als nur ein Schiffswrack: Das **königliche Flaggschiff Vasa** › S. 124 ist in eine multimediale Ausstellung eingebettet.
- Während der **Mittelalterwoche** verkleiden sich in Visby › S. 132 Einheimische und Gäste im Stil der Zeit. Das historische Zentrum bildet eine stimmungsvolle Kulisse.
- In **Forsvik** › rechts entsteht in Handarbeit die Kopie des **Schaufelraddampfers »Eric Nordevall II«** von 1836. Dieser versank im Vättern; Taucher haben ihn auf dem Seegrund vermessen, Enthusiasten die alten Baupläne recherchiert. Ab Sommer 2011 soll er wieder über den Göta-Kanal schippern.

Karlsborg 26 und *Forsvik 27

Mit dem Bau des Göta-Kanals wurde auch die Errichtung der gigantischen **Festung Karlsborg** am Vätternsee in Angriff genommen. Doch noch vor der Beendigung der Arbeiten 1909 hatte sich die militärhistorische Fehlplanung überlebt.

Die erste Hammerschmiede und das erste Sägewerk (15. Jh.) Schwedens kann man in ***Forsvik** am Göta-Kanal besichtigen. Dort befindet sich auch die erste Schleuse der Wasserstraße (1813), wo heute ein nettes Café lockt.

*Hjo 28

Hjo verfügt über zahlreiche, mit üppigen Schnitzereien verzierten Holzhäusern. Eine Besonderheit ist das Kurhaus am Ufer des Vättern. Der Badebetrieb endete in den 1930er-Jahren; die Jugendstilvillen für Kurgäste und die Badeanstalt blieben erhalten.

Unterkunft

Röda Stallet B&B
Spakås 4][Tel. 05 03/1 21 12
www.rodastallet.se
Kleines, einfaches Haus mit Fahrradverleih und Gemeinschaftsräumen. ●

Das Kaltbadehaus in Varberg

Die Westküste und Göteborg

Nicht verpassen!

- Die Felszeichnungen um das Vitlycke Museum bei Tanum
- Ein Besuch auf der Festung Varberg
- Baden am Strand von Tylösand bei Halmstad oder am Skrea-Strand bei Falkenberg
- Ein Spaziergang durch das Fischerdorf Klädesholmen auf der Insel Tjörn

Zur Orientierung

Breite Sandstrände und Dünengürtel tragen der Westküste zwischen Ängelholm und Varberg den Beinamen schwedische Riviera ein. Besonders die vergnügungssüchtige Jugend schwärmt vom sommerlichen Strand- und Nachtleben der Badeorte am Kattegatt. Auch Göteborg selbst ist schon eine Reise wert. Das Revier nördlich der Großstadt lässt dann nicht nur Segler in Euphorie verfallen. Tausende von Klippen, Inseln und ungestörten Buchten bilden die Küste der Provinz Bohuslän am Skagerrak. Fischerdörfer und traditionsreiche Kurorte wechseln einander ab. Überall würzt Salz die Luft, die buckligen, glatten Felsen sind abends von der Sonne des Tages noch warm.

Der Landvetter Airport (www.swedavia.se, ca. 25 km östl. von Göteborg) verbindet die Region via Kopenhagen mit den meisten größeren Flughäfen im deutschsprachigen Raum; eine Alternative ist der Cityairport Göteborg (www.goteborgcityairport.se).

7 Die schönsten Badespots entlang der Küste von Halland

Ängelholm › Båstad › Halmstad › Falkenberg › Varberg

Touren in der Region

Die schönsten Badespots entlang der Küste von Halland

7 Ängelholm › Båstad › Halmstad › Falkenberg › Varberg

Dauer: 1–2 Tage, ca. 165 km
Praktische Hinweise: In den schwedischen Ferien (Mitte Juni bis Ende August) sind die Hotels an der Küste knapp und teuer, in Göteborg hingegen eher günstig.

Ein gängiges Vorurteil gegenüber dem Norden lautet, dort sei es immer kalt. Dass man in Schweden auch Badeurlaub machen kann, ist für viele eine Überraschung.

Bei **Ängelholm** › S. 79 beginnt die Reihe schöner Strände mit feinem Sand und Dünen. Über die Bärenhalbinsel und **Båstad** › S. 76 geht es von hier in Richtung Norden. Im weiteren Verlauf folgt die Tour über ***Halmstad** › S. 79 und **Falkenberg** › S. 80 der Küstenlinie bis nach **Varberg** › S. 80. Die sie säumenden Orte sind bei schwedischen Urlaubern allesamt populäre Badeziele. Es lohnt, einen zum Übernachten anzusteuern, an einem der Strände vorbeizuschauen, sei es zu einem Sprung ins Kattegatt oder für einen Spaziergang in der Nebensaison. In der Hauptsaison sind die berühmten Strände nichts für Urlauber, die Ruhe suchen. Während der schwedischen Ferien haben sogar ansonsten eher verschlafene Kleinstädte wie Falkenberg ein Nachtleben, das den Vergleich mit Sylt nicht zu scheuen braucht. Für Familien sind die Strände bei **Tylösand** gut geeignet, die höchsten Dünen findet man bei **Skrea Strand** nahe Falkenberg.

Die Städte können aber auch jenseits der Strände etwas bieten. In Halmstadt sind noch einige Bauten aus der Renaissancezeit erhalten. Das Zentrum von Falkenberg prägen historische Holzhäuser und in der Laurentiuskirche gibt es romanische und gotische Fresken zu entdecken. In Varberg führt ein Besuch auf die Festung und zur berühmten Moorleiche des Bockstenmanns.

Inselhopping in Bohuslän

8 Göteborg › Kungälv › Marstrand › Stenungsund › Tjörn › Orust › Flatön › Lysekil › Smögen › Fjällbacka › Grebbestad › Tanum

Dauer: 2–3 Tage, ca. 300 km
Praktische Hinweise: Es gibt so viele nette Orte, die einen Stopp lohnen, dass man sich leicht verzettelt. Lieber die Tour von vornherein auf mehr Tage ausdehnen. In der Nebensaison sind die Öffnungszeiten der Museen reduziert. Die Fähren zur Insel Flatön und über den Gullmarnfjord sind kostenlos und pendeln etwa alle 20 Minuten.

Schon ab Varberg gehen die Sandstrände in eine felsige Küste über. Die Schärenlandschaft beginnt, deren Granitkuppen Wind und Wellen rund geschliffen haben. Charakteristisch für die Küste von Bohuslän nördlich von **Göteborg › S. 81 sind die Fischerdörfer, deren Holzhäuser sich in windgeschützte Buchten schmiegen. Mit dem Rückgang der Fischbestände sank auch die Zahl der Kutter und aus vielen dieser Häuser wurden Feriendomizile.

Erstes Ziel der Tour ist die bei Tagesausflüglern beliebte autofreie Insel *Marstrand › S. 84 mit schönen historischen Holzhäusern; über den schmalen Sund gelangt man mit einer Fußgängerfähre. Brücken verbinden die großen Inseln **Tjörn** › S. 86 – wo man keinesfalls das Nordische Aquarellmuseum in **Skärhamn** versäumen sollte – und **Orust** › S. 89 mit dem Festland. Vom Übernachtungsort **Ellös** im Westen von Orust gelangt man per Fähre auf die abgelegene **Insel Flatön**. Eine einspurige Straße führt über das einsame Eiland zum gegenüberliegenden Fähranleger in **Dragsmark**. Eine weitere Fähre bringt einen zurück aufs Festland, wo die hübschen Orte ***Lysekil** › S. 89 und ***Smögen** › S. 89 zum Bleiben einladen. Äußerst malerisch liegt **Fjällbacka** › S. 90 am hoch aufragenden Felsmassiv des Vetterbergs; in dem malerisch gelegenen Ort verbrachte einst auch Ingrid Bergmann ihre Urlaube. Eine Besonderheit der Region sind die frühzeitlichen Felszeichnungen (*hällristningar*), deren Fundstellen an den Landstraßen ausgeschildert sind. Neben einem der größten Felder mit Felszeichnungen wurde in Vitlycke bei ***Tanumshede › S. 91 ein sehenswertes Museum gebaut.

8

Inselhopping in Bohuslän
Göteborg › Kungälv › Marstrand › Stenungsund › Tjörn › Orust › Flatön › Lysekil › Smögen › Fjällbacka › Grebbestad › Tanum

Unterwegs in der Region

Ängelholm 1

Die Stadt an der Mündung des Rönne å ist der südlichste, der wegen ihrer langen Sandstrände beliebten Badeorte an der Westküste. Hier gibt es zudem noch Süßwasserbadeseen wie den Västersjön.

Info

Ängelholms Turistbyrå
Stortorget][Tel. 04 31/821 30
www.turist.engelholm.se

Hotel

Margretetorps Gästgifvaregård
26698 Hjärnarp][Tel. 04 31/45 44 50
www.margretetorp.se
Zwischen Ängelholm und Båstad gelegenes stilvoll-edles Hotel in einem typisch skånischen Hof. ●●●

*Bjärehalvön

Diese Landzunge schiebt sich mit ihren Steilküsten ins Kattegat. Nördlich davon erstrecken sich dann nahezu ununterbrochen über etwa 100 km Sandstrände bis nach Varberg. Bei schönem Wetter lässt sich vom Fischerstädtchen **Torekov** 2 ein Bootsausflug zur unbewohnten Insel **Hallands Väderö** unternehmen.

Camping

First Camp Torekov
26093 Torekov][Tel. 04 31/36 45 25
www.firstcamp.se
An der Landspitze; auch Hütten.

Båstad 3

Die Kleinstadt (14 000 Einw.) am Rande der Halbinsel Bjäre ist bei Tennisfans eine feste Größe, denn hier findet alljährlich das ATP-Turnier Swedish Open statt.

Traurige Berühmtheit hat der 8,6 km lange Bahntunnel erreicht, der den Höhenzug Hallandsåsen durchschneiden soll: Seit dem Baubeginn 1993 machen der Berg den Tunnelspezialisten und Umweltskandale dem Bauunternehmen Skanska zu schaffen. Trotz Einsatz modernster Technik wird der Tunnel wohl frühestens 2012 fertiggestellt.

*Halmstad 4

Die Stadt (87 000 Einw.) ist zum Shoppen wie zum Flanieren geeignet. Besonders an Sommerabenden herrscht hier reges Treiben. Ihre Geschichte dokumentiert das ***Halmstadmuseum** (Di–So 12–16, Do bis 20 Uhr, gratis). Typische Gebäude der Gegend versammelt das Freilichtmuseum **Hallandsgården** (Juni–Aug. 12 bis 18 Uhr; mit Café). Ein **Geheimtipp zum Baden** ist die bei Einheimischen beliebte »Playa« des Nachbarörtchens Tylösand. Echt gut!

Info

Turistbyrå
Lilla torg][Tel. 035/12 02 00
www.destinationhalmstad.se

Karte Seite 76

Hotel

Hotel Tylösand
Tylöhusvägen, Halmstad-Tylösand
Tel. 0 35/305 00][www.tylosand.se
Modernes Hotel mit Feinschmecker-restaurant, Nachtclub und Wellness-bereich in Strandnähe. ●●●
Die Partys in **Leif's Lounge** machen die Hausbar besonders am Wochenende zu einem **beliebten Nacht-Club.** Echt gut!

Restaurants

- **Fridolfs Krog & Bar**
Brogatan 26][Tel. 0 35/21 16 66
www.fridolfs.se
In dem rustikalen Lokal wird schwedische Küche serviert: Suppen, Fisch, Fleisch und Vegetarisches. ●●

- **Lilla Helfwetet**
Hamngatan 37][Tel. 0 35/21 04 20
Bar und Küche der »kleinen Hölle« mit modernem Ambiente sind beliebt. ●

Falkenberg 5

Der Badeort (38 000 Einw.) mit seiner Holzbebauung aus dem 17. und 18. Jh. erschließt sich bei einem Spaziergang über die **Doktorspromenaden** entlang des Flusses. Von der berühmten, 1761 erbauten Zollbrücke kann man fast immer Lachsangler sehen, denn der Ätran gilt als Hallands bester Lachsfluss. Die Blaue Flagge für hohe Wasserqualität weht über drei von den zehn Stränden der Stadt, die meist aus Sand und nur selten felsig sind.

Info

Turistbyrå
Holgersgt. 11][Tel. 03 46/88 61 00
www.falkenbergsturist.se

Hotels

- **Strandbaden Hotell**
Havsbadsallén][Tel. 03 46/71 49 00
www.elite.se
Erstklassiges, modernes Haus am Strand; Salzwasserpool und Wellness-bereich. ●●●

- **Vandrarhem Falkenberg**
Hansagårdvägen (Näset)
Tel. 03 46/171 07
www.skreacamping.se
Gästehaus, das zum Skrea-Camping-platz gehört und von dessen Freizeit-angebot und der nur 300 m vom Strand entfernten Lage profitiert. ●

Varberg 6

Die Festung ist das markante Wahrzeichen der Stadt (53 000 Einw.). In den Kasematten des 17. Jhs. befindet sich ein **Museum** zur Stadtgeschichte, in dem man u.a. den »Bockstensmann«, eine Moorleiche aus dem 14. Jh. mit vollständig erhaltener Kleidung, bestaunen kann (Mo–Fr 10 bis 16, Sa/So 12–16 Uhr).

Aus Varbergs Zeiten als mondäner Badeort zu Beginn des 20. Jhs. stammt die auf Pfählen ins Meer gebaute Badeanstalt »**Kallbadhuset**« und die Promenade, die heute noch Flaniermeile ist. **Frischer Fisch aus dem Kattegat,** aber auch Obst, Gemüse, Blumen und allerlei Nützliches gibt's auf Varbergs Markt auf dem Torget (Mi und Sa). Echt gut!

Info

Turistbyrå
Brunnsparken][Tel. 03 40/868 00
www.turist.varberg.se

Hotel

Varbergs Stadshotell & Asia Spa
Kungsgatan 24][Tel. 03 40/69 01 00
www.varbergsstadshotell.com
Freundliches Stadthotel, nur 500 m von Strand und Hafen entfernt. ●●

Restaurant

Borggården
Tel. 03 40/108 66
Internationale Küche ganz oben in der Festung Varberg mit Blick auf die See oder hinein in den Burghof. ●●

**Göteborg 7

Als Ankunftshafen für viele Schwedentouristen ist die 1621 gegründete Seehandelsstadt (heute 484 000 Einw.) mehr als ein bloßes Etappenziel. Maritim und weltoffen gibt sich die Stadt, in der von Mai bis Oktober die Straßencafés an der »Aveny« immer gut besucht sind. Gustav II. Adolf holte um 1620 Holländer ins Land, die im Mündungsgebiet des Göta älv ein System von Kanälen anlegten, das noch heute ihr Bild prägt. Die Stadt von ihren Kanälen aus genießen kann man am besten bei einer knapp einstündigen **Stadtrundfahrt auf dem Wasser** im flachen Paddan-Boot, die von der Brücke **Kungsportsbron** am Nordende der Kungsportsavenyn startet (April–Okt. stündl., Tel. 031/60 96 70, www.stromma.se). Ab 15 Uhr hat man hier mit dem **Göteborgspass** sogar freie Fahrt; dieser bietet zudem zahlreiche Vergünstigungen und kostenlosen Transport mit den öffentlichen Verkehrsmitteln

Echt gut!

Auf dem Hochhaus »Utkiken« gibt es eine Aussichtsplattform

(Pass ab 245 SEK, erhältlich u.a. im Tourist-Büro › S. 85).

Shopping

Göteborg ist auch ein Einkaufsparadies: Die interessantesten Geschäfte findet man entlang der **Kors-** und der **Kungsgatan.** Westlich des Hauptbahnhofs lockt der riesige Shoppingpalast **Nordstan** (**www.nordstan.se**, Mo–Fr 10–20, Sa 10–18, So 11–17 Uhr).

*Röhsska Museum A

Nahe der so beliebten wie belebten Flaniermeile Kungsportsavenyn, kurz »Aveny« genannt, gibt dieses Museum für Gestaltung und Form einen sehr guten Überblick über die Entwicklung des schwedischen Gebrauchsgüterdesigns im 20. Jh. Zudem bietet das Haus Ausstellungen mit Kunsthandwerk aus aller Welt (www.designmuseum.se, Di 12–20, Do, Fr 12–17, Sa, So 11–17 Uhr).

**Konstmuseet B

Am Götaplatsen, von dem aus man einen schönen Blick über die City hat, liegt das bedeutende Kunstmuseum mit vielen berühmten Werken der Skagenmaler und Bildern von Edvard Munch, Carl Larsson, Anders Zorn u.v.a. Weiterhin sind Wechselausstellungen mit moderner Kunst und eine Fotografiesammlung zu sehen (Di, Do 11–18, Mi 11–21, Fr–So 11–17 Uhr, www.konstmuseum.goteborg.se).

Universeum und Weltkulturmuseum C

Naturwissenschaften lebendig darzustellen ist Ziel des Wissenschaftszentrums im **Universeum.** Besonders beeindruckend ist der Regenwald mit Anakondas, Pi-

Karte
Seite 82

ranhas und tropischen Vögeln. Ausstellung und Experimentierwerkstatt machen Kindern Lust aufs Entdecken und Lernen (www.universeum.se, tgl. 10–18 Uhr).

Gleich daneben entführt das **Weltkulturmuseum** auf eine Entdeckungsreise zu unterschiedlichen Kulturen (www.varldskulturmuseet.se, Di, Sa, So 12–17, Mi–Fr 12–21 Uhr, Eintritt frei).

*Liseberg D

Der alte Vergnügungspark kann mit klassischen Karussells und modernen Fahrgeschäften, aber auch Konzerten und Tanzveranstaltungen aufwarten. Viele Besucher kommen zudem wegen der schönen Gartenanlagen (www.liseberg.com, Mai–Aug. tgl. 11–22 Uhr, April, Sept. nur Sa/So; Weihnachtsmarkt ab Mitte Nov.).

E Ostindiska Huset F Kronhuset G Göteborgs Maritima Centrum H Sjöfartsmuseet

Festung Carlsten in Marstrand

Museen im alten Zentrum

Heute nutzt das Stadtmuseum die ehemaligen Kontore und Lagerhallen im ***Ostindiska Huset** Ⓔ, dem 1750 erbauten Haus der Ostindischen Kompanie. Zusammen mit der Sammlung im **Kronhuset** Ⓕ von 1643 dokumentiert die Ausstellung anschaulich die Stadtgeschichte (Norra Hamngatan 12, www.stadsmuseum.goteborg.se, Di, Do–So 10–17 Uhr, sonst Mi 10–20 Uhr). Stilecht wird im Restaurant des Ostindiska Huset auf chinesischem Porzellan serviert (Tel. 031/13 52 70, nur mittags Di–Fr, Fr ab 17 Uhr Afterwork Parties, So Brunch, ●).

Am Göta älv

Durch die 3,6 km lange Verkehrsader »Götaleden«, die großteils unterirdisch verläuft, hat Göteborg wieder eine attraktive Uferfront. Zwischen Lilla Bommens Hamn, Oper und Museumshafen kann man entlang des Göta Älv flanieren. Ein Dutzend Schiffe hat für immer im Museumshafen **Göteborgs Maritima Centrum** Ⓖ festgemacht, u.a. ein U-Boot und ein Feuerschiff (Mai–Sept. tgl. 10 bis 18, April, Okt. Fr–So 11–16 Uhr, www.maritiman.se). Anhand vieler Schiffsmodelle dokumentiert das **Sjöfartsmuseet** Ⓗ die Entwicklung der Seefahrt seit der Wikingerzeit. Im Aquarium lernt man die Nordseefauna kennen (Di–So 10–17, Mi 10–20 Uhr).

Ausflüge

Für Liebhaber fabrikneuer Wagen wie jahrzehntealter Buckelvolvos ist das **Volvomuseum** auf dem Werksgelände des Herstellers in Torslanda ein Muss (Richtung Hisingen und auf der Str. 155 Richtung Öckerö/Torslanda fahren, von dort ausgeschildert; Straßenbahn 5, 6 oder 10 bis Eketrägatan, dann Bus 32 Richtung Sörred bis zum Werk Arendal; Tel. 031/66 48 14; Di, Do, Fr 10–17, Mi bis 19, Sa/So 11–16 Uhr).

Echt gut!

Nördlich von Göteborg liegt die autofreie Insel ***Marstrand** 8. Häuser mit prächtigen Holzschnitzereien im Stil der Wende vom 19. zum 20. Jh. sorgen für einen Hauch mondäner Atmosphäre. Den Aufstieg zur mächtigen Festung Carlsten belohnt ein herrlicher Weitblick. Personen- und Fahrradfähren pendeln ständig zum Festland. Über Tagesausflüge per Boot (ab Lilla Bommen) informiert das Turistbyrå.

Karte Seite 82

Info

Göteborgs Turistbyrå
Kungsportspl. 2][Tel. 031/368 42 00
www.goteborg.com

Hotels

Hotel Gothia Towers
Mässans Gt. 24][Tel. 031/750 88 10
www.gothiatowers.com
Riesiges Top-Hotel mit 704 Zimmern in zwei gläsernen Türmen nahe Liseberg. Panoramabar und -restaurant »Heaven 23« im 23. Stock. ●●●

Quality Hotel 11
Maskingatan 11][Tel. 031/779 11 11
www.hotel11.se
Modernes lichtes Haus in einer ehemaligen Schiffsbauhalle am Hafen von Göteborg. ●●●

Annes Hus
Hjulmakaregt. 35][Tel. 031/20 94 00
www.annes-hus.o.se
Kleine familienfreundliche Pension mit schönem Garten, in ruhiger Wohngegend etwas südlich vom Zentrum. Nur vier Zimmer! ●●

Hotel Europa
Köpmansgt. 38][Tel. 031/751 65 00
www.scandichotels.com
Großes modernes Hotel mit zweckmäßigen Zimmern, Bar, Restaurant und Pool; in Bahnhofsnähe gleich beim Einkaufszentrum Nordstan. ●●

Hotel Liseberg Heden
Sten Sturegt.][Tel. 031/750 69 00
www.liseberg.com
Zentral, aber ruhig gelegenes Haus nahe der Grünanlage Heden. ●●

Hotel Lorensberg
Berzeliigt. 15][Tel. 031/81 06 00
www.hotel-lorensberg.com
Familiäres Haus nahe dem Götaplatsen. Kleine, aber gut ausgestattete Zimmer. ●●

Restaurants

Sjömagasinet
Klippans Kulturreservat
Tel. 775 59 20
www.sjomagasinet.se
Gehört zu den Top Ten Schwedens, schöne Lage südwestlich des Deutschland-Terminals in uraltem Speichergebäude; exquisite schwedische und französische Sterne-Küche. ●●●

28+
Götabergsgt. 28][Tel. 031/20 21 61
www.28plus.se
Für die **kreativen Kompositionen aus lokalen Produkten** vergibt der Guide Michelin einen Stern; exzellenter Weinkeller und ein eigener Käseladen. So geschl. ●●●

Echt gut!

Gabriel
Feskekörka, Rosenlundsgatan
Tel. 031/13 90 51
Köstliche Meerestiere in allen Varianten mit Blick in die Fischauktionshalle. So geschl. ●●

Brasserie Lipp
Kungsportsav. 8][Tel. 031/10 58 30
Beliebter Treffpunkt mit guter internationaler Küche. ●

Nightlife

Casino Cosmopol
Packhusplatsen 7][Tel. 031/333 55 00
Neben dem Spiel gibt es hier auch Restaurants und Bars (tgl. 15–5 Uhr).

Rumpanbar & kök
Linnégatan 38][Tel. 031/775 83 00
Viel besuchter Afterwork-Club. Guter Startpunkt für einen Streifzug durch Bars und Kneipen an der Linnégatan.

Henriksberg
Stigbergsliden 7][Tel. 031/24 82 00
Bars und Pubs auf mehreren Etagen. Am besten ist die Dachterrasse mit herrlicher Aussicht.

Kungälv 9

Am Ortsrand (21 000 Einw.) ist die ***Festung Bohus** kaum zu übersehen. Die 1308 auf einem steil aus dem Tal ragenden Fels erbaute Burg gab der Provinz ihren Namen. Im Sommer findet ein Mittelalterfest statt (April Sa, So 11 bis 17, Mai–Aug. tgl. 10–19, Sept. 11–15, Okt. Sa, So 11–15 Uhr).

Lödöse 10

Lange vor der Gründung Göteborgs besaß Lödöse den einzigen Hafen an der schwedischen Westküste. Den Alltag der Menschen im Mittelalter zeigt das ***Lödöse Museum** – basierend auf mehr als 500 000 Ausgrabungsfunden (Di bis So 11–16 Uhr, Eintritt frei).

Lebendig wird diese Zeit an einem Samstag Anfang Juni beim Mittelaltermarkt mit Händlern, Handwerkern und Musikern.

»Salt o Sill« wurde aus Platzgründen auf dem Wasser gebaut

Die Inseln

Tjörn 11

Die drei weit gespannten Brücken des ***Tjörnleden** (Tjörnweg) führen von Stenungsund auf die Insel Tjörn. In **Skärhamn** ist man stolz auf das auf Gegenwartskunst ausgelegte ***Nordische Aquarell-Museum** (www.akvarellmuseet.org, Di–So 12–17 Uhr). Seine **fantastische Lage am Wasser** Echt gut! kann man auch im Café oder im Restaurant (●) genießen.

Sehr hübsch ist das benachbarte Fischerdorf **Klädesholmen,** das auf einer Insel liegt. Man parkt gleich hinter der Brücke, und erreicht Richtung Hafen das hervorragende Fischrestaurant »Salt o Sill«, dessen Besitzer zugleich ein ungewöhnliches **schwimmendes Hotel** Echt gut! betreiben (Tel. 03 04/67 34 80, www.saltosill.se, ●●).

Nur einen Kilometer weiter liegt die Ortschaft Rönnäng. Neben der Kirche führt ein schmaler Fußweg auf einen Aussichtspunkt, der ein tolles Panorama über die Schärenküste bietet. Vom Ort erreicht man per Schiff die winzige Insel ***Åstol,** wo es in der Räucherei am Hafen leckeren Fisch und abends manchmal Livemusik gibt (www.astolsrokeri.se, Tel. 03 04/6772 60).

Special

Schwedens Gewässer genießen

Gigantisch sind die Zahlen: 97 000 Seen, über 220 000 Inseln und eine Uferlinie von ca. 386 000 km entlang aller Gewässer. Denkt man dann noch an die Kanäle und Paddelreviere, ist es kein Wunder, dass Schiffe und Boote in Schweden ganz selbstverständliche Transportmittel sind.

6 Göta-Kanal

Die historische Wasserstraße hat heute nur noch Bedeutung für nostalgische Passagierschiffe oder Freizeitkapitäne. Über acht Seen und durch 66 Schleusen geht es von Küste zu Küste insgesamt 91 m hoch und wieder hinunter, während Klöster, Königsschlösser, Herrenhöfe und hübsche Orte vorbeiziehen. Wer sich fahren lassen will, kann das mit einem der historischen Schiffe tun, mit denen zweitägige Schnuppertouren, aber auch längere Kreuzfahrten mit ausgedehnten Landgängen stattfinden.

Rederi AB Göta Kanal

Tel. 031/80 63 15][www.gotacanal.se

Den Göta-Kanal kann man auch mit dem eigenen Motor- oder Segelboot befahren. Für Kanus sind dagegen nur bestimmte Abschnitte geeignet. An den Schleusen empfiehlt sich aufgrund der starken Strömung eher das Umtragen. Eine bequeme Alternative, den Kanal zu erkunden, sind Radtouren am Ufer, die entlang der parallel verlaufenden Versorgungswege führen.

Nützliche Informationen geben die Kanalgesellschaft (www.gotakanal.se, Tel. 01 41/20 20 50) und der Kanuverband › S. 20.

Romantik auf dem Fryken

Es ist wie in einem alten Film. Familien in Sommerfrische, weiße Kleider, Strohhüte. Winken von der Reling. Der Dampfer tuckert gemächlich raus auf den See. Die restaurierte »**Freja af Fryken**« (1868) ist eines von Dutzenden alter Dampfschiffe, die im Sommer auf Schwedens Gewässern unterwegs sind. Fast 100 Jahre lag die Freja in 52 m Tiefe auf dem Grund des Fryken, ehe sie 1993 geborgen und wieder flottgemacht wurde. Die mehrstündigen Touren beginnen in Sunne (www.varmland.org/sunne, Tel. 05 54/415 90, Mai–Sept.).

Paddeltour in Dalsland

Die Seensysteme in Dalsland gehören zu den vielseitigsten Kanurevieren Schwedens. Hier kann man Tage unterwegs sein, aber auch schon für einige Stunden eintauchen in die waldreiche, dünn besiedelte Landschaft. Bengtsfors › S. 99 ist, wegen seiner zentralen Lage, ein geeigneter Ausgangspunkt. Interessant ist auch die mehrtägige Variante, bei der die eine Strecke per Draisine auf der stillgelegten Bahnstrecke zurückgelegt wird und man sich zurück für das Kanu entscheidet (Silverlake Canoeing, www.silverlake.se, Tel. 05 31/121 73).

Törns in die Schärengärten

In den Schären sowohl vor Göteborg wie auch vor Stockholm leben die Menschen auf Inseln und pendeln jeden Tag mit Linienbooten in die Stadt zur Arbeit. In den Stockholmer Schären betreibt die Reederei Waxholm den Linienverkehr, während »Strömma« ein riesiges Ausflugsprogramm anbietet, darunter dreistündige Brunch-Schärenkreuzfahrten mit der historischen »S/S Stockholm« ab Strandvägen (Mitte Jan.–Mitte Dez. Sa/So 12 Uhr). Ein schöner Schnuppertrip sind Touren mit den schnellen **Cinderella**-Booten, mit denen man in relativ kurzer Zeit hinaus in die äußersten Schären wie Sandhamn, Möja, Finnhamn oder Gällnö gelangt (April bis Sept.).

Eine Option für Göteborg ist der vierstündige Bootsausflug ab Lilla Bommen über den Göta älv zur großen Insel Hisingen und zurück durch den Hafen Göteborgs. Als kürzere Alternative empfiehlt sich eine Sonnenuntergangs-Kreuzfahrt in die Schären, ebenfalls mit den Booten von Strömma.

Individuelle Touren in die Schären von Göteborg, z.B. zur Leuchtturminsel **Vinga Fyr,** kann man mit Börjessons Sjötaxi & Charterbåtar verabreden.

- **Waxholmsbolaget**
  Tel. 08/679 58 30][Göteborg
  www.waxholmsbolaget.se
- **Strömma Turism & Sjöfart AB**
  www.stromma.se
  Stockholm Tel. 08/12 00 40 00,
  Götenborg Tel. 031/60 96 60
- **Vinga Fyr**
  Börjessons Sjötaxi & Charterbåtar
  Tel. 031/97 17 05
  info@borjessons.se

Karte Seite 78

Orust 12 und Skaftölandet 13

Auf Tjörns großer Nachbarinsel Orust sollte man einen Abstecher zum alten Fischerort ***Mollösund** mit roten Bootsschuppen und weißen Häusern machen. Von Ellös im Norden gibt es kostenlose Fähren (Tel. 07 71/65 65 65) über die Inseln Malö und Flatön zur Halbinsel Bokenäs. Von dort führt eine Brücke über den Sund zur Insel **Skaftölandet** mit den malerischen Örtchen Grundsund und Fiskebäckskil.

Hotel

Vandrarhem Orust
Stockenvägen 25, Ellös
Tel. 03 04/503 80][www.toftagard.se
Attraktives Gästehaus an der Küste in einer ländlichen Hofanlage. ●

*Lysekil 14

Aus dem einstigen Fischerdorf wurde Mitte des 19. Jhs. ein bis heute beliebter Bade- und Kurort (15 000 Einw.). Die Kaltbadeanstalt rund um das windgeschützte Meerwasseroval kann man noch immer benutzen. Nicht versäumen sollte man den Besuch im ***Havets Hus.** Das durch einen gläsernen Tunnel begehbare Aquarium ist Flora und Fauna einheimischer Gewässer gewidmet (Mitte Feb.–Dez. 10–16, im Sommer bis 18 Uhr).

Info

Turistbyrå
Södra Hamngatan 6
Tel. 05 23/130 50][www.lysekil.se

Hotel

Lysekil Havshotell
Turistgatan 13][Tel. 05 23/797 50
www.strandflickorna.se
Kleines, individuelles Haus in einer alten **Villa am Meer.** ●● Echt gut!

7 *Smögen 15

Den Beinamen »St. Tropez des Nordens« erhielt der Fischerort nicht umsonst: Auf dem **längsten Holzpier Schwedens** spielt das Flanieren mindestens eine genauso große Rolle wie am alten Hafen im französischen Pendant. Der 1 km lange Pier mit Cafés, Shops und Restaurants bietet Platz für Hunderte von Segel- und Motorbooten. Täglich finden hier Fisch- und Krabbenauktionen statt. Echt gut!

In unmittelbarer Nachbarschaft auf dem Festland liegt **Kungshamn.** Bis heute ist hier die Fischindustrie zu Hause. Der frische Fang wird in der Fischauktionshalle versteigert.

Hotel

Smögens Havsbad
Hotellgatan 26][Tel. 05 23/66 84 50
www.smogenshavsbad.se
Wunderschön restauriertes Hotel mit Spa und gutem Fischrestaurant. ●●

*Nordens Ark

Auf dem Gelände des Guts **Åby** 16 bei Hunnebostrand werden vom Aussterben bedrohte Tierarten wie Uhu und Luchs in großen Freigehegen gezüchtet. In dieser »Arche des Nordens« kann man

Tiere aus nördlichen Gefilden in fast natürlicher Umgebung beobachten (www.nordensark.se; tgl. 10–16, im Sommer bis 19 Uhr).

Ein weiteres Familienziel in der Nähe ist das Wikingerdorf **Hornbore by** › Special S. 18.

*Uddevalla 17

Ein Besuch der landeinwärts gelegenen Provinzhauptstadt (50 000 Einw.) lohnt sich wegen des ****Bohusläns Museums:** Fischfang, Steinhauerei, Werftindustrie und Tourismus sind einige der Themen. Da auch die Küche zur Kultur gehört, stehen im Museumsrestaurant typische Gerichte auf der Karte (Museigatan 1, www.bohusmus.se, Di–Do 10–20, Fr–So 10–16 Uhr, Eintritt frei).

Fjällbacka 18

Die Boots- und Fischerhäuser kauern besonders eng am steilen Fels, der den natürlichen Hafen umschließt. Unzählige Felsbuchten bieten allen einen persönlichen Badeplatz. Berühmt ist die 200 m lange, extrem enge Schlucht *kungsklyftan* nahe beim Hafen, wo Szenen des Films »Ronja Räubertochter« entstanden.

Info

Turistinformation
Tel. 05 25/321 20 (nur im Sommer)
www.fjallbacka.com

*Grebbestad 19

Will man Schalentiere, Muscheln und andere Köstlichkeiten aus dem Meer in echter Bohuslän-Manier verspeisen, darf man die Hauptattraktion des Küstenortes und Wassersportdorados nicht auslassen: Bei **Greby's Skaldjursrestaurang** in einem alten Speicher am Pier gibt es die Delikatessen aus den typischen Holzkisten (Strandvägen 1, Tel. 05 25/140 00, www.grebys.se, ●). Eines der **ältesten und ausgelassensten Som-**

Echt gut

Steinbrüche in Bohuslän

An der felsigen Küste zwischen Göteborg und der norwegischen Grenze wurde zwischen 1850 und 1950 Granit im großen Stil abgebaut. Verwendet wurde der Stein u.a. für die Böschung des heutigen Nord-Ostsee-Kanals oder für als Pariser Kopfsteinpflaster. Auch Hitlers Chef-Architekt Albert Speer bestellte hier für seine Monumentalbauten Granitplatten in großen Mengen. Doch der Krieg änderte die Prioritäten: Viele der bereits produzierten Steine wurden nie abgeholt und blieben in den Steinbrüchen liegen. Sie werden im Volksmund Hitlersteine genannt. Inzwischen sind die meisten Steinbrüche geschlossen. Da die Steinbrüche zum einfachen Abtransport der Ware oft direkt am Wasser angelegt wurden, dienen viele heute als kleine Marinas.

In Hunnebostrand bertreibt ein rühriger Verein ein kleines Museum (www.stenhuggarmuseum.se).

Karte Seite 78

merfeste, die die Schweden Karneval nennen, feiert Grebbestad Anfang Juli.

Hotel

Tanum Strand Hotel
Tel. 05 25/190 00
www.tanumstrand.se
Einladend und sehr gepflegt, direkt am Meer. Auch Ferienhausanlage. ●●

8 ***Tanumshede 20

Im Hinterland von Grebbestad finden sich ungewöhnlich viele vorgeschichtliche Relikte. Bei Tanumshede verzieren Bilder und Symbole die Granitfelswände, die zum UNESCO-Welterbe zählen. Unter den Motiven aus der Bronzezeit sind Schiffe, axtschwingende Krieger, Jagdszenen, ein Paar beim Geschlechtsakt und viele bis heute ungedeutete Zeichen. Über die Hintergründe informiert das hervorragend gestaltete **Vitlycke Museum.** Ein Bild vom damaligen Leben vermittelt der dazugehörige Bronzezeit-Hof. Ab und an bietet das Museum **geführte Nachtwanderungen** zu den Felsbildern (www.vitlyckemuseum.se, Tel. 05 25/209 50, Mai–Aug. tgl. 10–18, Sept. Di–So 10–16, Okt. Sa, So 10–16 Uhr, sonst nach Vereinbarung; Eintritt frei).

Echt gut!

Info

Tanum Turistkontor
Riksvägen 143A
Tel. 05 25/183 80 (nur im Sommer)
www.vastsverige.com

Am Hafen von Strömstad

Hotel

Tanums Gestgifveri
Apoteksvägen 7][Tel. 05 25/290 10
www.hoteltanum.se
Perfekte Gastlichkeit im romantischen, familiengeführten Landhotel. Berühmte Küche und Weinkeller. ●●●

Strömstad 21

Mittelpunkt des reizvollen Ferienortes ist der Hafen, und ein lohnender Ausflug ist der Besuch der vorgelagerten schönen Kosterinseln. Nördlich von Strömstad erreicht man schnell die Grenze zu Norwegen. Samstags, wenn die Norweger zum Einkaufen nach Schweden fahren, weil Lebensmittel dort viel billiger sind, herrscht in Strömstad Hochbetrieb. Richtung norwegische Grenze kommt es dann öfter zu Staus.

Im waldreichen Westen

Nicht verpassen!

- Das Schiffsaquädukt von Håverud
- Eine Kanutour in Dalsland
- Mit dem historischen Dampfschiff über den Frykensee
- Ein Blick ins Frykental vom Aussichtsberg Tossebergsklätten
- Schloss Läckö und das Fischerdorf Spiken am Vänern

Zur Orientierung

Schwedens Westen ist ein einsamer, waldreicher Landstrich. Größere Städte gibt es nur rund um den größten See des Landes, den Vänern. Sie entstanden, weil auf dem Wasserweg Holz geflößt und dann am Seeufer in den Fabriken verarbeitet werden konnte. Über den Vänern und den Trollhätte-Kanal wurde es nach Göteborg transportiert. Das Flößen ist passé, aber die Holz- und Papierfabriken am Seeufer gibt es noch. Auffällig sind die langen, schmalen Täler. Oft ist kaum zu unterscheiden, ob es sich um einen schmalen See oder einen breiten Fluss handelt, der sich in diesen eiszeitlichen Rinnen erstreckt.

Der Dalsland-Kanal öffnet den Weg in ein Gewässersystem der Superlative für Kanu- oder Motorbootfahrer. Oder man erlebt die Flusslandschaft des Klarälven vom selbst gebauten Floß aus der Biberperspektive. Wollte man das ganze värmländische Radwegenetz abfahren, wäre man ca. drei Wochen unterwegs. Den Veranstaltungskalender für den Sommer füllen Musikfeste und Handwerkermärkte.

Nützliche Informationen geben die Internetportale der Touristenbüros für die Provinz Värmland (www.varmland.org) bzw. für Dalsland und den Raum um Lidköping (www.vastsverige.com).

Landschaft bei Sunne

Touren in der Region

Am Dalsland-Kanal

9 Trollhättan › Mellerud › Håverud › Bengtsfors › Ed

Dauer: 1 Tag, ca. 100 km
Praktische Hinweise: Die Straße von Håverud nach Norden ist sehr schmal und kurvig, hier ist Vorsicht geboten.

Die Tagestour führt durch die Industriegeschichte Westschwedens, wobei doch jede Station zum längeren Bleiben einlädt. In ***Trollhättan** › S. 96 wurde durch den Trollhätte-Kanal eine schiffbare Verbindung zwischen Göteborg und dem Vänern geschaffen. Die Wasserkraft des Flusses Göta älv wird hier seit Jahrhunderten genutzt. Bis kurz hinter **Mellerud** › S. 97 geht es über die breit ausgebaute Straße 45, die durch flaches Bauernland führt, aber dann wird es wieder interessant. Über die Ortschaft Åsensbruk kommt man nach **Håverud** › S. 98, wo der ****Dalsland-Kanal** › S. 98 samt den ihn passierenden Schiffen in einem Aquädukt die Stromschnellen überquert. Darüber verläuft eine Eisenbahnbrücke und ganz oben die Straßenbrücke, von der aus man einen guten Blick auf das ganze Ensemble hat. Der Dalsland-Kanal diente einst dem

Symphonie aus Blau und Grün im Värmland

Holztransport, heute wird er nur noch von Kanuten, Freizeitskippern und Ausflugsschiffen benutzt. Weiter auf der Landstraße nach Norden gelangt man nach Dals Långed, wo ein Abstecher zum Herrenhof ***Baldersnäs** › S. 99 führt, ein herrschaftliches Gut mitten im Park samt Restaurant und Cafeteria. Man erreicht nun ***Bengtsfors** › S. 99, das nicht nur ein optimaler Ausgangspunkt für die Erkundung der Gegend ist, sondern auch mit einem interessanten Freilichtmuseum aufwartet. Eher kurios ist dann das Museum in **Ed** › S. 98 am Ende der Tour – wo sonst sammelt man schon Kettensägen …

Durch die Wälder Värmlands

(10) Bengtsfors › Årjäng › Arvika › Klässbol › Sunne › Torsby › Hällefors › Grythyttan

Dauer: 2–3 Tage, ca. 370 km
Praktische Hinweise: Wer in Torsby ein Floß bauen will › S. 20, um den Klarälven hinabzutreiben, muss mehrere Tage zusätzlich einplanen.

Von Tal zu Tal führt die Tour durch die weiten Wälder. Schon von ***Bengtsfors** › S. 99 über **Årjäng** nach **Arvika** › S. 99 bremst kein Dorf den Verkehr. Arvika am Nordende des Glafsfjorden hat ein kleines, aber bemerkenswertes Kunstmuseum vorzuweisen. Bei einem Abstecher nach **Klässbol** › S. 100 kann man eine der letzten Leinenwebereien Schwedens besuchen. Nächste Station mit Übernachtung ist **Sunne** › S. 100 am Frykensee, einer der schmalen, langen Seen, wie sie für diese Region typisch sind. Im benachbarten **Rottneros** gibt es einen großen Skulpturenpark, wo im Sommer regelmäßig Veranstaltungen stattfinden. Nördlich von Sunne lohnt

Karte Seite 95

der Aussichtsberg Tossebergsklätten einen Stopp. Über ***Torsby** › S. 101, wo man eine nNacht pausiert und mehrere Anbieter von Floßtouren auf dem Klarälven ihren Sitz haben, führt die Route nach **Ekshärad** › S. 101 und weiter über Hagfors in die Region Bergslagen. Bergslagen wird das Gebiet genannt, wo seit alters her Erz abgebaut wird, teils als Flusserz, teils in Gruben. Bergslagen zieht sich von den östlichen Teilen Värmlands bis fast vor die Tore Stockholms. Dort erreicht die Tour in **Grythyttan** › S. 102 ihr Ziel. War die Vergangenheit des Ortes die Verhüttung, so liegt seine Perspektive dank des Måltidens Hus in der Kochkunst.

—9— **Am Dalsland-Kanal** Trollhättan › Mellerud › Håverud › Bengtsfors › Ed

—10— **Durch die Wälder Värmlands** Bengtsfors › Årjäng › Arvika › Klässbol › Sunne › Torsby › Hällefors › Grythyttan

Unterwegs im Westen

*Trollhättan 1

Bereits Anfang des 15. Jhs. wurde nahe der Stadt (53 000 Einw.) die Kraft des Göta älv genutzt. Seit 1910 das erste Elektrizitätskraftwerk in Betrieb ging, fließen die Wassermassen kontrolliert durch Turbinen. Doch im Sommer darf sich Schwedens wasserreichster Fluss an bestimmten Tagen ungezähmt in Kaskaden 32 m in die Tiefe stürzen (genaue Daten und Zeiten im Infobüro). Ausgelassen begeht die Stadt das Festival der Wasserfälle an einem Wochenende Mitte Juli.

Über die Geschichte des Trollhätte-Kanals und der Wasserfälle erfährt man mehr im **Kanalmuseum** (Juni–Aug. tgl. 11–19, Sept.–Mai Sa/So 12–17 Uhr).

Info

Turistbyrå/Visit Trollhättan
Åkersjövägen 10][Tel. 05 20/135 09
www.vastsverige.com

Hotel

STF Gästehaus Gula Villan
Tingvallavägen 12][Tel. 05 20/129 60
www.stfturist.se
Freundliches Quartier mit Kinderspielplatz im Garten, zentrumsnah. ●

Vänersborg 2

Die Stadt (37 000 Einw.) liegt am südlichen Ende des ****Vänern.** Schwedens größter See (5585 km²) ist fast zehnmal so groß wie der Bodensee. Die Göta-Kanal-Schiffe passieren dabei den südlichen Teil des Gewässers zwischen Vänersborg und Sjötorp und den Archipel der 24 000 Vänern-Schären, wo man Schwäne und Reiher aus der Nähe erleben kann.

Etwas südöstlich liegt der Berg der Elche, der **Hunneberg.** Dort ist das Kungajaktsmuseum zu finden, das **Interessantes über Elche und deren Lebensraum** erzählt (www.algensberg.com, Juni bis Aug. 10–18, Sept.–Mai Di–So 11–16 Uhr).

Echt gut

Info

Vänersborgs Turistbyrå
Järnvägsbacken 1C
Tel. 05 21/135 09
/www.vastsverige.com

Hotel

Ronnums Herrgård
Parkvägen 18, Vargön
Tel. 05 21/26 00 00
www.profilrestauranger.se/ronnum
Ehemaliger Gutshof mit exzellenter Küche. Romantische Zimmer, komfortabel-luxuriös mit eigener Sauna. ●●●

*Lidköping 3

In der charmanten, lebendigen Stadt (25 000 Einw.) mit kopfsteingepflasterten Gassen dokumentiert das ***Vänermuseum** die Nutzung des Binnenmeers (Di–Fr 10–17, Sa/So 12–17 Uhr). An alte

Schiffbautradition anknüpfend werden Ausfahrten mit einem seetüchtigen Wikingerboot arrangiert. **Rörstrand,** eine der ältesten Porzellanfabriken Europas, produzierte lange in Lidköping. Neben dem Museum (mit Café) ist auch der Shop einen Besuch wert (www.rorstrand.se, Mo–Fr 10–19, Sa 10–16, So 12–16 Uhr).

Info

Turistbyrå

Gamla Rådhuset, Nya stadens torg

Tel. 05 10/200 20][www.lidkoping.se

Hotel

Stadshotellet

Gamlastadens Torg 1

Tel. 05 10/220 85

www.stadtlidkoping.se

Historisches Gebäude im Zentrum gegenüber dem alten Rathaus. ●●

Ausflug zum **Schloss Läckö

25 km nördlich von Lidköping endet die Straße bei einem der schönsten Schlösser Schwedens (13.–17. Jh.) Seine Lage inmitten einer lieblichen Schärenlandschaft macht es so unvergleichlich (www.lackoslott.se, Mai–Sept. geöffnet). Im Sommer starten mehrmals täglich kurze **Schiffsrundfahrten ab Läckö** durch die Inselwelt des Vänern (Tel. 07 05/37 63 85). Echt gut!

Mellerud 4

In der Stadt (10 500 Einw.) beginnt die stillgelegte Bahnstrecke, die Dalsland bis hinauf nach Årjäng in Värmland durchzieht. Im Sommer kann man hier zu

Von Schloss Läckö geht's auch mit dem Schwan auf den See hinaus

einer Fahrt mit der Draisine oder mit dem Museumszug bis Bengtsfors, treffend **Bahn der schönen Aussichten** genannt, aufbrechen (Fahrplan und Infos: www.dvvj.com, Tel. 05 31/52 68 01).

Echt gut!

Hotel

Wärdshuset på Dal
Tingshusgatan 1][Tel. 05 30/126 64
www.wpdal.com
Kleines, freundliches Familienhotel mit 28 Betten und beliebtem Lokal/Pub. ●

Håverud 5

Echt gut!

Die **Top-Sehenswürdigkeit des **Dalsland-Kanals** › unten ist der aus Blech mittels 30 000 Nieten zusammengefügte ***Aquädukt** im Ort. Seit 1868 passieren Boote in einer Wasserrinne die Stromschnellen des Flusses. Auch Schiene und Straße haben eigene Brücken über die Schlucht. Das **Dalsland Center** ist Heimatmuseum zur Geschichte des Kanals und Informationsbüro gleichermaßen (www.vastsverige.com/de/Dalsland, Tel. 05 30/189 90).

Gut 10 km weiter nördlich kann man bei **Högsbyn** im Wald Tisselskog rätselhafte ***Felszeichnungen** aus der Bronzezeit in herrlicher Lage am See bewundern (www.landskapsarv.se).

Hotels

- **Håveruds Hotell**
Upperudsvägen 12][Tel. 05 30/350 00
www.haverudshotell.se
Freundliches Hotel mit 18 hellen Zimmern und Spa direkt am Kanal. ●●

- **STF Gästehaus Haverud**
Museivägen 3][Tel. 05 30/302 75
www.svenskaturistforeningen.se
Schöne Lage am Aquädukt. ●

Ed 6

Die Kleinstadt liegt hübsch an der südlichsten Spitze des Sees Stora Le, der sich nach Norden bis nach Norwegen erstreckt. Attraktion des Ortes ist ein kurioses **Motorradmuseum,** das sich im Keller unter dem örtlichen Supermarkt befindet. Die Motorräder stehen hier so, wie sie zuletzt von der Straße kamen. Schwedisch mutet

Der **Dalsland-Kanal

Für die Holz- und Eisenindustrie machte man im 19. Jh. das Gewässersystem in Dalsland als Transportweg schiffbar. Keine schwedische Provinz weist eine solche Dichte an Seen und Flüssen auf wie diese. Gerade 10 km Kanal mussten für das 254 km lange Wasserstraßensystem gebaut werden. Ab Köpmannebro und Håverud befahren Passagierdampfer den Kanal bis Bengtsfors. Für die Rückfahrt empfiehlt sich die »Bahn der schönen Aussichten« › oben. Hobby-Kanuten finden u.a. in Ed, Bengtsfors und Årjäng Verleihstationen. Beim Kanu-Marathon am zweiten Samstag im August kann theoretisch jeder teilnehmen. Die 50 km lange Strecke bis Baldersnäs ist aber eher etwas für Profis (www.kanotmaraton.se).

Echt gut! die große **Sammlung historischer Motorsägen** an (Storgatan, Juni bis Aug. tgl. 11–18 Uhr).

Restaurant

Falkholts Dalslandskrog
Norebyn 7][Dals Långed
Tel. 05 31/350 70][www.falkholt.com
Im Restaurant an der Str. 164 zwischen Ed und Dals Långed. werden regionale Spezialitäten auf Gourmet-Niveau in Szene gesetzt. Nur Juni–Mitte Aug. Mi–So. Zudem Kochkurse ●●

*Bengtsfors 7

Die Stadt (11 000 Einw.) im zentralen Dalsland ist ein idealer Ausgangspunkt für Naturaktivitäten aller Art › Special S. 88. Spaß macht die Fahrt mit der Draisine, auf der 52 km langen, stillgelegten Bahnstrecke Richtung Årjäng. Sie können auch eine einfache Strecke mit Rücktransfer buchen, zu empfehlen ist die rechtzeitige Reservierung eines der Gefährte für je zwei Personen. Nicht nur die Spielmanns- und Handwerkertage im Sommer machen das Freilichtmuseum ***Gammel Gården** mit 20 alten Bauernhäusern aus der Region sehenswert (Juni–Aug. tgl. 11–17 Uhr). Typisch für Dalsland sind Strohflechtereien, die man dort im **Halmens Hus** sieht.

Info

- **Bengtsfors Turistbyrå**
Sågudden 1][Tel. 05 31/52 63 55
www.dalsland.com
- **Dal-Västra Värmlands Järnväg**
Bengtsfors
Tel. 05 31/52 68 01][www.dvvj.com

Hotel

Hotell Dalia
Karlsbergsvägen 3][Tel. 05 31/727 00
www.hotelldalia.com
Eher schlichtes Touristenhotel und gleichzeitig eine Hotel- und Restaurantfachschule. ●●

Camping

Dalslands Camping & Kanotcentral
Tel. 05 31/100 60
www.dalslandscamping.se
Der große Campingplatz bietet einen professionellen Kanuverleih, Hütten und Zimmer.

Ausflug nach *Baldernäs 8

Eine gut 20 km lange Autofahrt in Richtung Süden führt auf eine Halbinsel am Ufer des Sees Laxsjön. Hier liegt in einem schönen englischen Landschaftspark, der Herrenhof Baldersnäs. So stilvoll wie das Anwesen, ein beliebtes Ausflugsziel, ist auch das dortige Hotel mit Restaurant (Baldersnäs 22, Dals Långed, Tel. 05 31/412 13, www.baldersnas.com, ●●).

Arvika 9 und Klässbol 10

In der spärlich besiedelten Landschaft Westvärmlands nimmt sich der Ort (26 000 Einw.), schön gelegen am See Glafsfjorden, schon fast städtisch aus. Freunde des (Kunst-)Handwerks führt die **Hantverksrundan** (Handwerksrunde) südlich von Arvika von

Werkstatt zu Werkstatt. Das **Rackstad Museum** liegt etwas außerhalb am See Racken und ist der Künstlerkolonie gewidmet, die sich hier Ende des 19. Jhs. niederließ (Juni–Aug. tgl. 11–17 Uhr, sonst Mo geschl.).

Am südöstlichen Ende des Glafsfjorden liegt **Klässbol**. Hier wird Leinen nach alter Tradition gewebt, das z.B. beim Bankett der Nobelpreisverleihung auf den Tisch kommt. **Klässbols Linneväveri** ist seit 1920 ein Familienbetrieb (www.klassbols.se, Mo–Fr 9–18, Sa 10–15, Mai–Sept. auch So 10–15 Uhr).

Info

Arvika Turistbyrå
Storgt. 22][Tel. 05 70/817 90
www.arvika.se

Hotel

Hotel Oscar Statt
Torggt. 9][Arvika][Tel. 05 70/197 50
www.oscarstattspa.se
Nobels Traditionshaus mit 73 großen, individuell gestalteten Zimmern, exzellentem Service und eigenem Spa. ●●●

Sunne 11

Die Kleinstadt (14 000 Einw.) am Frykenseen lockt mit dem Heimatmuseum Sundbergs Gård und mit ihrer idyllischen Umgebung. Echt gut! Ein Erlebnis ist die **Fahrt mit dem historischen Ausflugsdampfer »Freja«** › Special S. 88.

Selma Lagerlöf (1858–1940), Schwedens erste Nobelpreisträgerin für Literatur, lebte auf dem Hof ***Mårbacka** etwas südlich von Sunne. Die Autorin verfügte, dass ihr Anwesen unverändert erhalten bleiben sollte (www.marbacka.com, Juni–Sept. tgl. nur mit Führung, Tel. 05 65/310 27). Viele Schauplätze ihres Erstlingswerks »Gösta Berling« haben reale Vorlagen in der Gegend. So ist das Vorbild für Ekeby im Roman das ehemalige **Gut Rottneros,** südlich von Sunne auf der anderen Seeseite gelegen. Ein Besuch im großzügigen *Park mit seinen Skulpturen von Carl Milles und Gustav Vigeland führt zu einem der kulturellen Kleinode Värmlands (www.rottnerospark.se, Tel. 05 65/602 95, Ende Mai–Mitte Sept. 10–16/18 Uhr).

Nach Norden in Richtung Torsby zweigt eine Serpentinenstraße zum Berg **Tossebergsklätten** ab. Auf dem Gipfel lädt eine Cafeteria zur Rast; vom Aussichtsturm bietet sich eine herrliche Aussicht über das Frykental.

Info

Sunne Turistbyrå
Kolsnäsvägen 4][Tel. 05 65/167 70
www.sunne.se

Hotels

■ **Länsmansgården**
Tel. 05 65/140 10
www.lansman.com
Sehr charmantes kleineres Hotel in Familienbesitz, 1 km nördlich von Sunne am See Övre Fryken gelegen. ●●●

■ **Quality Hotel Selma Lagerlöf**
Ekebyvägen 1][Tel. 05 65/68 88 10
www.selmahotel.se
Größeres Haus mit Restaurant, im Sommer auch Kinderangebote. ●●

Karte Seite 95

Selma Lagerlöfs Salon in ihrem Haus in Mårbacka

*Torsby 12

Die Stadt (13 000 Einw.) gilt als Tor zur Wildnis: Hier beginnen die weiten Finnwälder.

Echt gut!

Etwas nördlich von Torsby eröffnete 2006 der **weltlängste Skitunnel.** Die 1,3 km lange Loipe mit 12 m Steigung bietet wetterunabhängig Skispaß für Langläufer und Biathleten (Ende Juni bis Anfang März Mo Fr 9–19, Sa, So 9–17 Uhr, www.skitunnel.se).

Info

Torsby Infocenter
Gräsmarksvägen 12
Tel. 05 60/105 50][www.torsby.se

Hotel

Hotell Örnen
Östmarksv. 4][Tel 05 60/146 64
www.hotellornen.se
Hübsches B&B in einer kleinen Jugendstilvilla in der Ortsmitte. ●

Ekshärad 13

Der Ort liegt im Tal des **Klarälven,** der in vielen Schleifen gen Süden fließt – ideal für Fahrten auf selbst gezimmerten Flößen › S. 20. Der Friedhof von Ekshärad weist eine Besonderheit auf: Hier stehen reich verzierte schmiedeeiserne Kreuze, wie es sie sonst in Schweden nirgends zu sehen gibt.

Info

Ekshärad Turistbyrå
Klarälvsvägen 16][Tel. 05 63/187 60
www.hagfors.se

*Karlstad 14

Aus dem mittelalterlichen Handels- und Thingplatz im Mündungsdelta des Klarälven in den Vänern wurde im 16. Jh. die nach König Karl IX. benannte Stadt (heute 80 000 Einw.). Das ***Värmlands Museum** dokumentiert Geschichte, Kunst und Kultur und präsentiert Wechselausstellungen (Sandgrundsudden, tgl. 10–17, Mi bis 20 Uhr).

In den Wäldern von Värmland wird seit über 50 Jahren im Februar die **Rally Sweden** ausgetragen. Drei Tage fegen und driften die Autos über Schnee- und Eispisten mit Start und Ziel in Karlstad (www.rallysweden.com).

Echt gut!

Info

Turistbyrå
Bibliotekshuset, Västra Torggatan 26
Tel. 054/29 84 00][www.karlstad.se

Hotels

Berling Hotell & Studios
Drottninggatan 1][Tel. 054/17 57 80
www.berlinghotell.se
Zentrales und ruhiges Frühstücks-Hotel mit geräumigen Apartments. ●●

Vandrarhem Karlstad
Kasernhöjden 19][Tel. 054/56 68 40
www.stfturist.se
Großes renoviertes Gästehaus mit 40 Zimmern unterschiedlicher Kategorien, etwas außerhalb der Stadt gelegen. ●

*Kristinehamn 15

Das beschauliche Städtchen (24 000 Einw.) am Nordufer des Vänern war einst ein wichtiger Umschlagplatz für Holz und Eisen, worüber man im Stadtmuseum mehr erfährt. Pablo Picasso schenkte der Stadt 1965 eine 15 m hohe Skulptur, die ihren Platz auf einer Landzunge bei Vålösund am Ufer des Vänern fand.

Grythyttan 16

In diesem idyllischen Bergwerksörtchen erstand der schwedische Pavillon von der Weltausstellung 1992 als **Måltidens Hus** › Special S. 41 wieder. Es setzt kulinarische Trends, von denen sich die Restaurants der Umgebung gern inspirieren lassen. Auch neue, auf Herstellung und Veredelung von Lebensmitteln spezialisierte Firmen haben sich rund um Grythyttan angesiedelt. **Grythyttan Vin** z.B. keltert **Wein aus lappländischen Moltebeeren** (Grythyttevägen 55, www.grythyttanvin.se, Weinproben und Führungen: Juni–Aug. Di–Sa 15 Uhr oder nach Anmeldung: Tel. 05 91/191 11).

Echt gut!

Hotels

Grythyttans Gästgivaregården
Prästgatan 2][Tel. 05 91/633 00
www.grythyttan.com
Zentral im Ort, der Besitzer gehört zu den Initiatoren des Måltidens Hus. Berühmter Weinkeller. ●●●

Sikfors Herrgård
71293 Hällefors][Tel. 05 91/151 15
www.sikforsherrgard.se
Kleiner Herrenhof am See etwa 4 km nordöstlich von Grythyttan an der Str. 63. Stimmungsvoll und sehr persönlich mit ambitionierter Küche. Deutsch-schwedische Leitung. ●●

Echt gut!

Bredsjö Herrgård
Bredsjö 115, Hällefors
Tel. 05 87/802 00
www.bredsjogarden.se
Das Hotel im gut 25 km nordöstlich entfernten Bredsjö verteilt sich über mehrere Gebäude. Stimmungsvolles Ambiente bei moderaten Preisen. ●●

Im Land der Svear

Nicht verpassen!

- In Söderköping am Göta-Kanal entlangbummeln
- Die Schleusenstufen in Berg bei Linköping bestaunen
- Einen Besuch von Schloss Gripsholm
- Bergbaugeschichte in Ängelsberg Bruk oder Pershyttan erleben
- Eine Fahrt durch die Schärenlandschaft bei Vaxholm

Zur Orientierung

Svealand ist die Keimzelle Schwedens, die Heimat der Svear. Doch heute taucht der Begriff Svealand nur noch im schwedischen Wetterbericht auf. Er bezeichnet die Regionen südlich und nördlich des Sees Mälaren, die über Jahrhunderte von der Nähe zur Hauptstadt Stockholm profitiert haben. Landwirtschaftliche Produkte aus den fruchtbaren Ebenen zwischen Norrköping und Linköping versorgten Stockholm mit Nahrungsmitteln. Die Region Bergslagen trug mit ihren Bodenschätzen zum Wohlstand bei: Silber aus den Gruben von Sala für die Staatskasse, Erz aus Ängelsberg und Nora für die Kanonen machten Schweden im 17. Jh. zur europäischen Großmacht. Wie gut es dem schwedischen Adel ging, lässt sich an den Schlössern ablesen, die rund um den See Mälaren entstanden. In keiner anderen Region Skandinaviens findet man solch eine Dichte an Schlössern wie hier. Und so ist eine Reise durch die Region zugleich ein Streifzug durch die Industriegeschichte Schwedens als auch durch die Geschichte des schwedischen Adels.

Die Schleusentreppe bei Berg

Touren in der Region

Schlösser und Adel

(11) Trosa › Mariefred › Strängnäs › Eskilstuna › Västerås › Sigtuna › Uppsala

Dauer: 3 Tage
Praktische Hinweise: Die meisten Schlösser können ganzjährig zumindest von außen besucht werden. Die Öffnungszeiten der Räumlichkeiten bzw. Führungen sind hingegen überwiegend auf die Zeit von Mitte Juni bis Mitte August beschränkt.

Der Unterschied zwischen Schlössern und Herrenhöfen ist in Schweden fließend. Manch wohlhabender Gutsherr ließ sich einen Herrenhof bauen, der einem Schloss in nichts nachsteht. Die wenigsten befinden sich heute noch in Privatbesitz, es sei denn, sie wurden zu einem Schlosshotel umgebaut. Eine besonders hohe Dichte an Schlössern weist die Region Sörmland südlich von Stockholm auf.

Ausgangspunkt ist das charmante Küstenstädtchen ***Trosa** › 110. Gut 10 km nördlich lockt das schön gelegene ***Tullgarn Slott** mit herrlichem Park. Der königliche Palast aus dem 18. Jh. besitzt Interieurs aus verschiedenen Epochen (www.royalcourt.se, Juni–Aug., Führungen tgl. stdl. 11–16 Uhr). Im ehemaligen Stall gibt es ein Café, in der Orangerie ein uriges Lokal. Genießen Sie den herrlichen Park und werfen Sie einen Blick auf den kleinen, runden Hafen, in dem nur ein oder zwei Segelboote Platz finden. Bis 1950 nutzte König Gustav V. das Schloss als Sommerresidenz. Von hier geht es auf kleinen Straßen über Gnesta quer hinüber zum Mälaren nach **Mariefred** › S. 110. Dort übernachtet man und besucht eines der schönsten Schlösser aus der Wasa-Zeit: ****Schloss Gripsholm.** Die Verwandtschaft der vier bedeutendsten Wasa-Schlösser in Kalmar, Vadstena, Mariefred und Örebro ist an den dicken Rundtürmen gut zu erkennen. Kaum bekannt ist **Mälsåker Slott,** eines der stattlichsten Barockschlösser Schwedens aus dem 17. Jh., das auf der Insel Selaön unweit von Stallarholmen liegt (Ende Mai–Ende Aug. Mi, Do, Sa, So 11–16 Uhr, im Juli auch Fr, www.malsaker.nu). Nach einer Nacht in ***Strängnäs** › S. 111 erreicht man **Eskilstuna** › S. 112. Von hier führen Brücken und Dämme ans Nordufer des Mälaren und zum **Barockschloss Strömsholms** mit schöner Originaleinrichtung aus dem 18. Jh. und attraktivem Park (www.royalcourt.se, Juni–Aug. tgl. 12–16/17 Uhr). Weiter geht es nach ***Västerås** › S. 112 und **Enköping**, wo das von Nicodemus Tessin im 17. Jh. entworfene **Haga Slott** zu einem exklusiven Hotel wurde (www. hagaslott.se).

Zu Schwedens berühmtesten Schlössern gehört ****Skokloster** › S. 115, auf einer Halbinsel zwischen der einstigen Hauptstadt ****Sigtuna** › S. 115 und ***Uppsala** › S. 115, dem kirchlichen Zentrum des Landes. Der Dom, das Schloss und Alt-Uppsala zählen zu den wichtigsten Sehenswürdigkeiten der Universitätsstadt, während Sigtuna mit seiner mittelalterlichen Stadtanlage glänzt. Beide Städte sind gute Übernachtungsoptionen.

Auf den Spuren der Industriegeschichte

(12) Linköping › Berg › Norrköping › Eskilstuna › Västerås › Sala › Ängelsberg › Nora

Dauer: 2–3 Tage
Praktische Hinweise: Mehrtägige Reisen auf dem Göta-Kanal zwischen Stockholm und Göteborg können über Reiseveranstalter gebucht werden. Tagestouren werden von Söderköping aus angeboten.

***Linköping** › S. 108 ist ein guter Startpunkt, wenn man sich für schwedische Industriegeschichte interessiert, auch wenn die Chronologie nicht ganz stimmt: Mit dem schwedischen Luftwaffenmuseum – Saabs Jagdflugzeuge werden in der Stadt produziert – beginnt man in der Neuzeit. Friedlicher geht es im Freilichtmuseum Gamla Linköping zu, das wie ein historischer Stadtteil wirkt. Ein Beispiel schwedischer Ingenieurskunst sind die sieben Schleusenkammern des Göta-Kanals bei **Berg** › S. 108. Knapp 30 m Höhenunterschied überwinden die Schiffe zwischen dem See Roxen und dem weiteren Kanalverlauf in Richtung Vänern.

Norrköping › S. 109 galt einst als das Manchester Schwedens. Bis etwa 1960 war die Stadt das Zentrum der schwedischen Textilindustrie, worüber man im Museum der Arbeit mehr erfährt. Von der Industrie geprägt ist auch **Eskilstuna** › S. 112, wo ein Abstecher in die Kunsthandwerkerhöfe an den ehemaligen Rademacher-Schmieden lohnt. Schöne Souvenirs kann man dann bei ***Västerås** › S. 112 am nördlichen Ufer des Mälaren im Messingwerk **Skultuna Bruk** kaufen. In **Sala** › S. 113 befanden sich Schwedens ergiebigste Silbergruben. Vom 17. bis ins 19. Jh. hinein bildete ihr Silber die wichtigste Einnahmequelle des schwedischen Staates. Bis 1962 wurde Erz abgebaut, seit 1988 sind Teile der Anlage als Besucherbergwerk geöffnet.

11

Schlösser und Adel Trosa › Mariefred › Strängnäs › Eskilstuna › Västerås › Sigtuna › Uppsala

12

Auf den Spuren der Industriegeschichte Linköping › Berg › Norrköping › Eskilstuna › Västerås › Sala › Ängelsberg › Nora

Flusserz bildete die Grundlage für die Entstehung von ****Engelsberg Bruk** bei **Ängelsberg** › S. 113 westlich von Sala. Das einzigartige Ensemble historischer Industrieanlagen gehört zum Welkulturerbe der UNESCO. Ängelsberg befindet sich bereits in der Region Bergslagen. Bergslagen ist der Oberbegriff für die Gegend, die sich von Värmland bis vor die Tore Uppsalas erstreckt, und in der Erz abgebaut wurde. Ein für die Region typischer Bergbauort ist ***Nora** › S. 112. Die vor den Toren der Kleinstadt gelegene Hüttenanlage **Pershyttan** ist ein typisches Beispiel für den schwedischen Tagebau mit anschließender Verhüttung vor Ort.

Karte
Seite 106

Unterwegs im Land der Svear

*Linköping [1] und Göta-Kanal

Die Universitäts- und Industriestadt (135 000 Einw.) war im Mittelalter das geistige Zentrum Schwedens. Der gotische **Dom** (15. Jh.) bezeugt das eindrucksvoll. Die alte Bebauung findet man komplett im Stadtteil **Gamla Linköping,** wohin alle 90 von den Feuersbrünsten des 19. Jhs. verschonten Häuser versetzt wurden. Eine sehenswerte Ausstellung zur Natur und Geschichte der Provinz präsentiert ***Östergötlands Länsmuseum** (Di–So 11–16 Uhr). Zivile und militärische Flugzeuge verschiedenen Zeiten zeigt das ***Flygvapenmuseum** (7 km westl., Bus Nr. 13 ab Resecentrum, Di bis So 11–17, Juni–Aug. tgl. 10–17 Uhr, www.flygvapenmuseum.se).

Eine Attraktion des Göta-Kanals wartet im 10 km nördlich entfernten Ort **Berg** [2], wo die Schiffe über eine ***Schleusentreppe** einen solchen »hinunterfahren«. Eine Fahrt mit dem Schiff über *Bergs slussar* nach **Borensberg** [3] dauert ca. dreieinhalb Stunden (www.royalcruiseline.se, Mai–Sept.). Man kann die schöne, gut 20 km lange Strecke auch auf dem parallel verlaufenden Wirtschaftsweg per Rad zurücklegen und in Borensberg dann eine der zwei erhaltenen, von Hand zu betätigenden Schleusen bewundern.

Kanalgeschichte

Göta-Kanal wird der 390 km lange Wasserweg von der Ostsee zum Kattegatt genannt. Der eigentliche Kanal führt auf 190 km von Mem bei Söderköping bis Mariestad am Vänern. Ab Trollhättan schließen Trollhätte-Kanal und der Fluss Göta Älv die Verbindung bis Göteborg, sodass dieses mit Stockholm auf einem schiffbaren Wasserweg verbunden ist. Die Idee dafür stammt bereits aus dem 16. Jh., als schwedische Schiffe auf dem Weg in die Nordsee dänische Hoheitsgewässer passieren mussten. Auch der Bauauftrag an Freiherr Baltzar von Platen 1810 hatte einen militärisch-strategischen Hintergrund: Man wollte den Öresund-Zoll der Dänen umgehen. 58 000 Soldaten gruben zwischen 1812 und der Eröffnung 1832 mit der Hand 90 Kanalkilometer, die geschickt natürliche Gewässer zu seiner Gesamtlänge verbinden. 58 Schleusen überwinden dabei einen Höhenunterschied von rund 90 m. Schon wenige Jahrzehnte nach seiner Eröffnung verlor der Göta-Kanal seine wirtschaftliche Bedeutung, da die Schleusen zu klein für die neuen Schiffsgenerationen waren. Als Touristenattraktion ersten Ranges ist er heute wiederauferstanden › Special S. 87.

Hotel

Göta Hotell

Götagatan 2][Borensberg

Tel. 01 41/400 60

www.gotahotell.se

Lauschige, direkt an der Kanalschleuse gelegene Privatpension mit zwölf nostalgischen Zimmern. ●●

**Söderköping 4

Deutsche Hansekaufleute legten die Stadt (14 000 Einw.) im 13. Jh. dort an, wo heute der Göta-Kanal schon beinahe die Ostsee erreicht. An die Hansezeit erinnert die Stadtkirche **St. Laurentii** (1290) mit ihrer Backsteingotik. An glanzvolle Zeiten als Kurort erinnert der **Kurpark.** Im Sommer ist die Wasserstraße mit ihren Freizeitseglern die Pulsader von Söderköping. Den schönsten Blick auf das Treiben bietet der 73 m hohe **Ramunderberg** direkt am Kanal. Söderköping ist ein guter Ausgangspunkt für Ausflüge auf die einsame Halbinsel Vikbolandet und die Schären bei Arkösund.

Info

Turistbyrå

Margaretagt. 19][Tel. 01 21/181 60

www.soderkoping.se

Hotel

Söderköpings Brunn

Skönbergagt. 35][Tel. 01 21/109 00

www.soderkopingsbrunn.se

Das Haus strahlt gediegene Kuratmosphäre aus. Das Flair der Wende vom 19. zum 20. Jh. genießt man am besten auf der Restaurantterrasse. ●●

Norrköping 5

Die Stadt (123 000 Einw.) am Ende der Meeresbucht Bråviken ist ein wichtiges Handels- und Verwaltungszentrum. Von hier aus wurden einst Erze und Eisenprodukte aus Östergötland verschifft. Dann machte die Textilherstellung Norrköping zum Manchester Schwedens. Hierüber informiert das ***Arbetets Museum** (tgl. 11–17 Uhr).

Ein beliebtes Familienziel ist der Tierpark ***Kolmården** 20 km nördlich von Norrköping. Der riesige Tierpark wartet u.a. mit einem Kinderbauernhof, Delfinarium und Greifvogelflugschauen auf (www.kolmarden.com, Mai bis Sept. tgl. mind. 10–17 Uhr).

Info

Destination Norrköping

Dalsgt. 9][Tel. 011/15 50 00

www.upplev.norrkoping.se

Hotel

Vildmarkshotellet Kolmården

61893 Kolmården][Tel. 011/15 71 00

www.vildmarkshotellet.se

Großes Komforthaus mit schönem Blick auf die Bucht. Restaurant mit Themenbuffets (z.B. Afrika), Nachtclub, Familienarrangements. ●●

Stendörren

Das Naturschutzgebiet erreicht man über einen Abzweig von der Str. 219 zwischen Nyköping und Vagnhärad. Ein Teil des Gebietes liegt auf dem Festland, der Rest verteilt sich auf die vorgelagerten

Inseln, auf die man zu Fuß über Hängebrücken oder per Boot gelangt. Es gibt beschilderte Wanderwege, offizielle Lagerplätze für Kanuten und Wanderer sowie Aussichtspunkte, von denen man einen schönen Blick auf die Schärenlandschaft hat. Im Naturum in Aspnäset (Tel. 01 55/26 31 80, im Sommer tgl. geöffnet) bekommt man Informationen.

*Trosa 6

Das malerische Küstenstädtchen Trosa wurde im 19. Jh. als Badeort geschätzt und hat sich erstaunlich viel Charme der alten Zeit bewahren können. Der Hafen ist ein beliebtes Ziel der Stockholmer Freizeitboote; im Sommer ist entsprechend viel los.

Info

Turistbyrå
Rådhugt., Torget][Tel. 01 56/522 22
www.trosa.com

Hotels

Bomans Hotel
Hamnen, 61930 Trosa
Tel. 01 56/525 00][www.bomans.se
Kleinerer Familienbetrieb mit aufmerksamem Service und guter Küche. ●●●

Trosa Stadshotell
Västra Långgt. 19][Tel. 01 56/170 70
www.trosastadshotell.se
Traditionsbewusstes Haus mit erstklassigen Wellnessangeboten. ●●●

3 **Schloss Gripsholm

Das Schloss im romantischen Städtchen **Mariefred** 7 am Mälaren ließ Gustav Vasa um 1530 erbauen. Seit dem 18. Jh. bietet es den Rahmen für die königliche Porträtsammlung, die nun über 4000 Gemälde umfasst (Mitte Mai bis Mitte Sept. tgl. 10–16 Uhr, www.royalcourt.se).

Im deutschsprachigen Raum wurde es durch Kurt Tucholskys

Schloss Gripsholm diente zeitweise als Sitz der Königswitwen

Karte Seite 106

gleichnamige Erzählung bekannt. Der in Berlin geborene Schriftsteller (1890–1935) immigrierte 1929 nach Schweden, wo er sich später das Leben nahm. Sein Grab ist im hinteren Teil des Mariefreder Friedhofs rechts des Hauptweges zu finden.

Gegenüber vom Schloss befindet sich **Grafikens Hus** mit Ausstellungen moderner graphischer Kunst und einigen Ateliers. Das Heimatmuseum **Callanderska Gården** zeigt Alltag und Handwerk im Mariefred des 18. Jhs.

Im Sommer verbindet das Nostalgieschiff »M/S Mariefred« mehrmals wöchentlich Mariefred und Stockholm (www.mariefred.info, einfache Fahrt: 3,5 Std., Tel. 08/669 88 50). Hübsch ist die historische Schmalspurbahn, die vom Bahnhof Mariefred aus Touren im offenen Wagen anbietet.

Info

Turistbyrå

Rådhuset][Mariefred

Tel. 01 59/296 99][www.strangnas.se

Hotel

Gripsholms Värdshus

Kyrkogt. 1][Tel. 01 59/347 50

www.gripsholms-vardshus.se

Echt gut!

In Schwedens ältestem Gasthaus sorgen handgemalte Deckendekors für ein unverwechselbares Ambiente. Hervorragende Küche. ●●●

*Strängnäs 8

In der idyllisch am Ufer des Mälaren gelegenen Kleinstadt (30 000 Einw.) wählte die Reichsversammlung am 6. Juni 1523 Gustav Vasa zum ersten König des geeinten Schwedischen Reiches. Schon in früheren Jahrhunderten war der Ort mit dem Bischofssitz und dem ***Dom** (12. Jh.) eine der wichtigsten Städte der Region gewesen. Noch älter sind Runensteine und Grabhügel, an denen besonders die Insel Selaön bei Åsa reich ist.

Info

Turistoffice

Västerviken][Tel. 01 52/296 99

www.strangnas.se

Hotel

Hotel Rogge

Gyllenhjelmsgt. 20][Tel. 01 52/228 80

www.hotelrogge.se

Schickes modernes Design in den 30 Zimmern und in der Bar des Hauses, Restaurant mit Terrasse. ●●

*Birka 9

Die einstige Wikingerstadt, auf der Insel Björkö gelegen, war 750–950 Stockholms Vorgängerin als nordisches Macht- und Wirtschaftszentrum. Samt der Ruine des Königspalastes auf der Nachbarinsel gehören die Ausgrabungen zum Weltkulturerbe der UNESCO. Mittels Fundstücken und Modellen beschreibt das Wikingermuseum den Alltag der Bewohner (nur im Sommer, Boote ab Strängnäs, Tel. 01 52/296 99).

Zur Insel führt auch eine schöne, ganztägige Bootstour ab Stockholm (Strömma Kanalbolaget, Tel. 08/12 00 40 00).

Eskilstuna 10

Eskilstuna (93 000 Einw.) liegt am See Mälaren. König Karl X. Gustav gründete hier 1650 die berühmten Rademacherschmieden, deren Verantwortung er dem Meisterschmied Reinhold Rademacher übertrug.

Örebro 11

Örebro ist Verwaltungszentrum und Verkehrsknotenpunkt am westlichen Ende des Hjälmaren. Größte Sehenswürdigkeit ist das **Örebro Slott,** eines der Wasa-Schlösser, dessen Baugeschichte bis ins 13.Jh. zurückreicht (www.orebroslott.com, Mo–Fr 12–18, Sa, So 12–17 Uhr).

Info

Örebrokompaniet
Medborgarhuset][Olof Palmes torg 3
Tel. 019-21 21 21
www.orebrokompaniet.se

Hotel

Behrn Hotell
Stortorget 12][Tel. 019/12 00 95
www.behrnhotell.se
Privat geführtes Vier-Sterne-Hotel mitten im Zentrum mit klassisch-schwedischem Schick. ●●

*Nora 12

Das Örtchen mit dem schachbrettartigen Grundriss kann eine der schönsten Holzhaus-Altstädte Schwedens vorweisen. Die Kleinstadt verdankt den Eisenerzgruben der Umgebung ihren einstigen Aufstieg, insbesondere der nahen Hüttenanlage **Pershyttan.** Mitte des 19. Jhs. entstand eine eigene Eisenbahnlinie für den Eisenerztransport von Nora nach Örebro als erste ihrer Art. Heute verkehren im Sommer immer noch Dampfloks (www.nbvj.nu).

Hotel

Nora Stadshotell
Rådstugugt. 21][Tel. 05 87-31 14 35
www.norastadshotell.se
Solide und gediegen, mit Bar und (Terrassen-)Restaurant. ●●

*Hallstahammar 13

Südlich der Bergwerksorte Ramnäs und Surahammar, wo man Schwedens erste Lokomotive baute, gibt es in dieser Stadt (16 000 Einw.) weitere Hammerschmieden aus dem 17. Jh. und das spannende ***Skantzen Kanal Museum** (Mai–Mitte Aug. tgl. 11–17 Uhr).

*Västerås 14

Die moderne Hauptstadt von Västmanland (128 000 Einw.) hat ihre historischen Gebäude z.T. ins ***Vallby Friluftsmusem** transferiert. Auf dem Areal wurde u.a. ein 40 m langes Wikingerlanghaus für eine Großfamilie samt Vieh rekonstruiert. ***Västmanlands Länsmuseum** im Schloss von Västerås veranschaulicht die Bedeutung von Bergbau, Eisenhütten und Hammerschmieden für die gesamte Region. Jedes Jahr

Karte Seite 106

im Juli treffen sich über 10 000 amerikanische Straßenkreuzer zum »Power Meet«, dem **größten Ami-Schlitten-Treffen der Welt**.

Echt gut!

Etwa 5 km außerhalb liegt das Dorf Skultuna, dessen Messingwerk ***Skultuna Bruk** seit 1607 produziert. Sehenswert sind die Produkte aus der Zeit vor Einführung der Elektrizität. Im Shop gibt es u.a. Messingleuchter (Mo bis Fr 10–18, Sa, So 11–16 Uhr).

Info

Västerås Turistbyrå
Konserthuset, Kopparbergsvägen 1
Tel. 021/39 01 00
www.vasterasmalarstaden.se

Hotel

First Hotel Plaza
Karlsgt. 9][Tel. 021/10 10 10
www.firsthotels.se
Komfortable Zimmer in einem Hochhaus mit Mälarenpanorama. ●●●

Ängelsberg 15

Seit dem 17. Jh. wird in Ängelsberg Eisenerz geschmolzen. Über den Fluss Kolbäcksån und später auf dem ***Strömsholmskanal** wurde es zum Mälaren und weiter nach Stockholm abtransportiert. Die Eisenhütte ****Engelsbergs Bruk** gehört heute zum UNESCO-Weltkulturerbe (im Sommer tgl. ab 11 Uhr, Infos: Fagersta Turism, Tel. 02 23/131 00). Die weitläufige Anlage mit Gutshaus und Arbeiterwohnungen, Schmelzofen, Schmiede usw. liegt versteckt im Wald. Am besten erreicht man sie über Ramnäs von Süden aus.

Beim Power Meet in Västerås

Sala 16

Die ****Silbergrube** von Sala (22 000 Einw.) war während der schwedischen Großmachtzeit von höchster Bedeutung für die Staatskasse. Ende des 15. Jhs. begann der Abbau des Erzes, die Stollen reichten 318 m tief, heute kann man bis auf 60 m **in die Schächte hinabsteigen** (Mai–Sept. tgl. 11 bis 17 Uhr, sonst kürzer und Mo geschl., www.salasilvergruva.se).

Echt gut!

Das Grubenmuseum dokumentiert Lebens- und Arbeitsbedingungen der früher zur Grubenarbeit eingesetzten Kriegs- und Strafgefangenen.

Österbybruk 17

Hinter **Gimo** mit den historischen Eisenhütten und dem dazugehörenden Herrenhof aus dem 17.

und 18. Jh. lernt man in Österbybruk ein besonderes Kapitel schwedischer Industriegeschichte kennen. Im 17. Jh. holte der holländische Bankier und Industrielle Louis de Geer wallonische Schmiede ins Land, die die Eisengewinnung optimierten. Die hiesige **Eisenhüttenanlage** samt Schmieden, Herrenhaus und Arbeitersiedlung ist die besterhaltene Wallonenwerkstatt dieser Zeit (Ausstellungen, Café).

Info

Turistbyrå
Ånghammaren][Österbybruk
Tel. 02 95/214 92
www.roslagen.se

Hotel

Wärdshuset Gammel-Tammen
Tel. 02 95/212 00
www.gammeltammen.se
Niveauvolles Hotel in ehemaligem Gutshof. Spezialarrangements für Golfer. ●●

*Grisslehamn 18

In dem romantischen Ort an der Nordspitze der Insel **Väddö** erlebt man den rauen Charme der äußeren Schären. Weit öffnet sich hier der Blick über den Bottnischen Meerbusen mit den finnischen Ålandinseln, die man von hier per Fähre erreicht (www.eckerolinjen.fi, Fahrzeit ca. 3 Std., Tel. 01 75/258 00). Im Ort kann man Atelier und Wohnhaus des Karikaturisten und Schriftstellers Albert Engström (1869–1940) besichtigen (Juni–Aug. tgl. 11–17 Uhr).

Info

Grisslehams Turistbyrå
nur im Sommer Tel. 017/331 02
www.grisslehamn.se

Hotel

Hotell Havsbaden
76045 Grisslehamn
Tel. 01 75/309 30
www.hotellhavsbaden.se
Ehemaliges Kurhotel am Fischerhafen, auf einem Felsen in reizvoller Schärenlandschaft gelegen. Viel Komfort mit Stil und Wellness-Angebote. ●●●

*Furusund 19

Die kleine Ortschaft liegt am gleichnamigen, engen Sund, wo man die vorbeiziehenden Fährschiffe von Stockholm in Richtung Finnland aus nächster Nähe beobachten kann. Eine kostenlose Fähre führt auf die gegenüberliegende Seite, wo man mit einer weiteren Fähre auf die schöne Insel **Blidö** übersetzen kann. Am Wochenende kann es an den Fähren für Autos zu langen Wartezeiten kommen, weshalb das Fahrrad der ideale Begleiter für Inselerkundungen ist.

*Vaxholm 20

Das auf einer großen Schäreninsel gelegene Vaxholm (10 000 Einw.) ist mit dem Auto erreichbar. Seit Mitte des 19. Jhs. verbringen die Hauptstädter hier gern den Sommer, auch weil er ein idealer Ausgangspunkt für Schärentouren ist. Zu einem Wintertraum wird der Ort, wenn das Wasser zugefroren

Karte Seite 106

ist und die Schlittschuhlangläufer gen Ostsee flitzen.

Info

Turistbyrå
Rådhuset][Tel. 08/54 13 14 80
www.vaxholm.se

Hotel

Waxholms Hotell
Hamngt. 2][Tel. 08/54 13 01 50
www.waxholmshotell.se
Schön gelegenes, etwas nostalgisches Hotel mit 42 Zimmern. ●●

**Sigtuna 21

Das malerische Sigtuna (35 000 Einw.) am Mälaren war Stockholms Vorgänger als Hauptsitz im Reich der Svear. Der christianisierte Stamm gründete hier 980 als Nachfolgerin der Wikingersiedlung Birka › S. 111 die erste Stadt Schwedens. 995 ließ König Oluf Skötkonung hier die ersten schwedischen Münzen prägen. Neben vielen Wikingerschmuckstücken sind sie im ****Sigtunamuseum** ausgestellt (Juni–Aug. tgl. 12–16 Uhr, Sept.–April Mo geschl.). Berühmt ist das ***Rathaus** von 1744, das als das kleinste Schwedens gilt.

Info

Turistbyrå
Stora Gatan 33][Tel. 08/59 48 06 50
http://sal.sigtuna.se/turism

Hotel

Sigtuna Stads Hotell
Stora Nygatan 3][Tel. 08/59 25 01 00
www.sigtunastadshotell.se
Die 26 Zimmer des exklusiven Traditionshauses sind mit schicken Designmöbeln eingerichtet. Hohe Kochkunst wird im Restaurant zelebriert. ●●●

**Skokloster 22

Schloss Skokloster wurde 1654 erbaut und mit verschwenderischer Pracht eingerichtet. Es ist die **stilreinste Barockanlage Schwedens,** deren Kunstsammlungen in wechselnden Ausstellungen zu sehen sind (http://sko.lsh.se, Mitte Juni–Aug. tgl. drei Führungen: Tel. 08/402 30 60).

Echt gut!

*Uppsala 23

In der Hauptstadt der Provinz Uppland (192 000 Einw.) wurde 1477 die erste Universität Nordeuropas gegründet. Studenten

Aus einem ehemaligen Kloster wurde im 17. Jh. Schloss Skokloster

prägen auch heute noch das Bild der Stadt. Im eindrucksvollen, aus rotem Backstein errichteten ***Dom** (Ende 13. Jh., Umbau 19. Jh.) liegt Gustav Vasa begraben. Er ließ auch 1549 das gewaltige, rote ***Schloss** auf der Anhöhe oberhalb von Dom und Stadt bauen. Teile des Schlosses nutzt heute das Kunstmuseum (Di–Fr 12–16, Mi 16–20 Uhr gratis, Sa, So 12–16.30 Uhr). Im Museum starten auch die Schlossführungen (Tel. 018/727 24 82).

Versäumen sollte man nicht den Besuch im Haus des Botanikers und »Blumenkönigs« Carl von Linné (1707–1778) in der Svartbäcksgatan 27 sowie den Spaziergang durch den ***Linné-Trädgården,** einen hübschen kleinen botanischen Garten mitten in der Stadt (Mai–Sept. Di–So 11–17 Uhr). Sein Experimentierfeld hatte der Botaniker etwas außerhalb von Uppsala in ***Linnés Hammarby**, wo sein Sommerhaus steht (Mai– Sept. Fr–So, Juni–Aug. Di–So 11–20 Uhr).

Nördlich von Uppsala verdeutlichen die Grabhügel von ***Gamla Uppsala,** dass der Ort schon zur Wikingerzeit und davor Häuptlingssitz und Thingplatz war (Mai bis Sept. tgl 10–16 Uhr). Über die lange Stadtgeschichte informiert das ***Upplandsmuseum** (Di–So 12–17 Uhr) in der früheren Mühle am Flüsschen Fyrisån.

Info

Uppsala Turism
Fyristorg 8][Tel. 018/727 48 00
www.uppsala.to

Hotels

Hotell Linné
Skolgt. 45][Tel. 018/10 20 00
www.firsthotels.com
Zentral gelegenes, aber ruhiges Hotel, freundliche Zimmer mit Blick zum botanischen Garten. ●●●

Hotel Uplandia
Gamla Uppsalagatan 50
Tel. 018/495 26 00
www.scandichotels.com
Komfortables, modernes Haus nahe der Fußgängerzone. ●●●

Grand Hotell Hörnan
Bangårdsgt. 1][Tel. 018/13 93 80
www.grandhotellhornan.com
Hübsches Hotel mit 36 Zimmern in einem Stadthaus aus der Gründerzeit; schöner Blick auf Schloss und Dom. ●●

Sunnersta Herrgård
Sunnerstavägen 24
Tel. 018/32 42 20
www.sunnerstaherrgard.se
Gästehaus mit 40 netten Zimmern in einem ehemaligen Herrenhof 6 km südlich der Stadt in unmittelbarer Nähe eines kleinen Sees gelegen. ●

Restaurants

Ågatan 11
Östra Ågatan 11, Tel. 018/10 00 11
Schwedische Küche in alten Gewölben. So geschl. ●●–●●●

Hambergs Fisk
Fyristorg 8][Tel. 018/71 00 50
Gut geeignet für den Mittagsimbiss. So, Mo geschl. ●

Nightlife

Flustret
Svandammen 1][Tel. 018/10 04 44
Restaurant, Bar und Club, Event- und Partylocation in einem Theaterpavillon aus dem 19. Jh.

**Stockholm

Nicht verpassen!

- Das fast 400 Jahre alte Kriegsschiff »Vasa«
- Eine Schärenkreuzfahrt mit einem historischen Dampfer
- Ein Bummel durch Stockholms Geschichte in Gamla Stan
- Blick vom Aussichtspunkt an der Fjällgatan auf die Inseln

Zur Orientierung

Auf 14 Inseln liegt Stockholm (795 000 Einw.), in dessen Großraum heute fast 2 Mio. Menschen leben. Gegründet wurde die Stadt Mitte des 13. Jhs. an der strategisch wichtigen Mündung des Sees Mälaren in die Ostsee. Nie wurde sie Opfer kriegerischer Zerstörung, sodass Mittelalter und Moderne sich in effektvollem Kontrast begegnen. Größere bauliche Veränderungen waren meist die Folge von Bränden – woraufhin seit dem 17. Jh. an den Hauptstraßen nur noch in Stein gebaut werden durfte – oder radikaler Beschlüsse. Der Stadtbezirk Norrmalm entstand z.B. in den 1960er-Jahren komplett auf dem Reißbrett. Die Altstadt Gamla Stan hingegen hat ihr Erscheinungsbild seit Jahrhunderten bewahrt.

Stockholm hat nicht nur ein schönes Gesicht, es hat auch einen aufregenden Charakter. Das Bewusstsein, im Zentrum von Politik, Wirtschaft und Medien zu leben, prägt die Metropole und ihre Bewohner. Ganz selbstverständlich gehen von hier die Impulse für Moden und Trends aus, die in Schweden eine viel schnellere Durchschlagskraft haben als etwa im föderal geprägten Deutschland. Erfolgsverwöhnt erobern die jungen Kreativen nicht nur das eigene Land: Was Musik, Design und Mode betrifft, ist Stockholm für die europäische Avantgarde interessanter als man denkt.

Touren durch die Stadt

Spaziergang durch Gamla Stan

– ⑬ – Kungliga Slottet › Slussen › Katarinahissen › Riddarholmskyrkan › Riksdag › Norrbro › Kungliga Slottet

Dauer: 2 Std.
Praktische Hinweise: Am bequemsten nutzt man die Busse und die Metro mit den Travel Cards (für 1, 3, oder 7 Tage) bzw. der Stockholm Card, die u.a. den Eintritt in 80 Museen und Attraktionen einschließt (für 1, 2 oder 3 Tage; Infos beim Visitors Board › S. 125).

Auch wenn Stockholm an vielen Stellen spannend ist, bleibt der Kern eines Besuchs doch immer die Altstadt Gamla Stan auf der Insel Stadsholmen; der Stadtplan folgt hier immer noch den mittelalterlichen Straßenverläufen.

Ausgangspunkt ist das ****königliche Schloss** › S. 122, noch heute Amtssitz des Königs. Bei Touristen beliebt sind die Wachwechsel (Mo–Sa um 12.15, So um 13.15 Uhr, im Winter nur Mi, Sa und So), die im Sommer und bei besonderen Anlässen ein Musikkorps begleitet. Vom Hügel Slottsbacken blickt man hinüber auf die Halbinsel Blasieholmen mit dem

Nationalmuseum. Wie schmal die Gassen der gepflegten Altstadt sein können, erlebt man bei einem Gang durch die **Österlånggatan,** deren Südende Kunsthandwerkerläden und Restaurants säumen. Viele enge Gassen verbinden die Österlånggatan mit der Uferstraße **Skeppsbron,** die trotz des starken Verkehrs zu den teuersten Lagen Stockholms zählt. Alle südwärts laufenden Altstadtstraßen der treffen sich an **Slussen,** einer Schleuse, die als Übergang des Sees Mälaren zur Ostsee gilt. Slussen bezeichnet auch den Verkehrsknoten am Übergang zwischen Gamla Stan und dem Stadtteil Södermalm. Für einige Zeit wird hier eine Riesenbaustelle zur Wasserregulierung und neuen Verkehrsführung dominieren. Wann der fast 40 m hohe Aufzug **Katarinahissen** zu einer Plattform mit herrlicher Panoramaaussicht wieder öffnet, erfährt man beim Visitors Board.

Die **Västerlånggatan** ist Stockholms touristischste Straße. Doch zwischen Souvenirläden und Restaurants finden sich auch viele normale Geschäfte – die Altstadt ist kein Museum, sondern ein Ort, wo man arbeitet und wohnt.

Anders sieht es auf der Nachbarinsel **Riddarholmen** aus, in deren Gebäude-Ensemble Verwaltung und Justiz eingezogen sind. Doch der Abstecher lohnt wegen der formidablen Aussicht hinüber zum Stadshuset und der **Riddarholm-Kirche,** wo zahlreiche schwedische Könige begraben liegen (Mitte Mai–Mitte Sept. tgl.

Café in Gamla Stan

10–17 Uhr). Auf dem Rückweg Richtung Schloss passiert man mit dem **Riddarhuset** den Palast, in dem sich der schwedische Adel einst zu Beratungen traf. Die nach links abzweigende autofreie Riksgatan führt mitten durch den auf der kleinen Insel Helgeandsholmen gelegenen **Reichstag** und stellt die wichtigste Verbindung für Fußgänger zwischen dem modernen Zentrum Norrmalm und der Altstadt dar. Zurück zum Schloss geht es über die **Norrbro-Brücke.** Neben Stockholms ältester Steinbrücke eröffnete 2010 die neugestaltete Ausstellung des **Mittelaltermuseums** › S. 122.

Museumstour zur Insel Djurgården

– 14 – Skeppsbron › Gröna Lund › Liljevalchs Konsthall › Aquaria › Vasamuseet › Nordiska Museet › Skansen

Dauer: 3–5 Std.
Praktische Hinweise: Statt auf dem Wasserweg, gelangt auch vom Stadtteil Östermalm über den Strandvägen auf die Halbinsel Djurgården. Das geht mit der Straßenbahn ab Norrmalmstorg (Juli–Aug tgl. ab ca. 10.30 Uhr alle 12 Min., sonst nur Sa, So und Fei, kein Verkehr Ende Dez.–Ende März, www.sparvagssallskapet.se), oder mit dem Auto, das man auf dem großen Parkplatz am Vasa-Museum abstellen kann. Fähren ab › Slussen S. 119 (Mo–Fr ab ca. 7.40, Sa, So Fei ab 9 Uhr alle 15 bis 20 Min.) bzw. ab Skeppsbron. Beim Anlegen gut festhalten; manchmal sind die Schiffsführer etwas forsch in ihren Manövern.

Die Fahrt mit der Fähre von der Altstadt hinüber nach Djurgården ist herrlich. Hat man die Spitze von Kastelholmen umrundet, fällt **Gröna Lund,** einer der schönsten Freizeitparks Schwedens, mit seinen Fahrgeschäften ins Auge. Der Blick vom Kettenkarussell über das Wasser ist einfach sensationell (www.gronalund.com, Juni–Aug. mind. 12–22 Uhr). Auf Djurgården führt die Falkenbergsgatan zur 1916 eröffneten **Liljevalchs Konsthall;** der architektonisch interessante Bau von Carl Bergsten zeigt Wechselausstellungen zeitgenössischer Kunst (www.liljevalchs.com, Di–So 11–17 Uhr).

– 13 –

Spaziergang durch Gamla Stan
Slottet › Slussen › Katarinahissen › Riddarholmskyrkan › Riksdag › Norrbro › Kungliga Slottet

– 14 –

Museumstour zur Insel Djurgården **Skeppsbron › Gröna Lund › Liljevalchs Konsthall › Aquaria › Vasamuseet › Nordiska Museet › Skansen**

1 Kungliga Slottet
2 Storkyrkan
3 Medeltidsmuseum
4 Stadshuset
5 Kulturhuset
6 Moderna Museet
7 Nationalmuseum
8 Östermalms Saluhall
9 Historiska Museet
10 Nordiska Museet
11 Vasa-Museum
12 Skansen
13 Schloss Drottningholm

Im gegenüberliegenden **Aquaria** kann man einheimische Fische und Haie beobachten (Di–So 10–16.30 Uhr, www.aquaria.se). Entlang der Uferpromenade gelangt man zum ****Vasa-Museum** › S. 124. Gleich nebenan zeigt das ***Nordische Museum** › S. 124 u.a. eine volkskundliche Sammlung und historische Möbel. Der Hazeliusbacken bringt einen dann zum Haupteingang von ****Skansen** › S. 124, dem ältesten Freilichtmuseum der Welt. Es bietet neben historischen Häusern aus ganz Schweden auch Gehege mit einheimischen Tieren. Zu nationalen Feiertagen finden hier offizielle Veranstaltungen statt. Bei Skansen steigt man wieder in die Tram.

Karte
Seite 120

Unterwegs in Stockholm

10 Gamla Stan

Für einen Spaziergang durch die engen Altstadtgassen sollte man sich Zeit nehmen › Tour S. 118, denn die Geschlossenheit der Bebauung mit ihren mittelalterlichen Ziegelfassaden und Renaissancegiebeln und die lebendige Atmosphäre sind ein Erlebnis.

**Kungliga Slottet 1

Der wuchtige Barockpalast thront auf dem höchsten Punkt der Insel Stadsholmen. Entstanden ist das Bauwerk in der ersten Hälfte des 18. Jhs., nachdem Schloss Tre Kronor 1697 abgebrannt war. Das Schloss dient dem König als Repräsentations- und Arbeitsstätte, während er und seine Familie auf Schloss Drottningholm › S. 125 wohnen. Besichtigt werden können u.a. die Ballsäle und das Schlafzimmer Gustavs III.; die Reichsinsignien und Preziosen sind in der Schatzkammer zu sehen. In der **Livrustkammaren** (Leibrüstkammer) sind Prachtkarossen und Ritterrüstungen ausgestellt (www.royalcourt.se, Di bis So 12–16 Uhr, Mitte Mai–Mitte Sept. tgl. 10–17 Uhr).

*Storkyrkan 2

So alt wie die Stadt ist die »Große Kirche«, die Ende des 13. Jhs. in direkter Nachbarschaft zur Burg Tre Kronor erbaut wurde. Das markante Bauwerk prägt die historischen Stadtansichten, wie etwa den Stich »Vädersolstavlan« von 1535, der an der Südwand im Kirchenschiff hängt. Der barocke Turm der Krönungskirche der schwedischen Könige stammt aus dem 18. Jh.

Medeltidsmuseum 3

Beim Umbau des Reichstags Ende der 1970er-Jahre kamen Reste der mittelalterlichen Stadtmauer zutage, um die herum kurzerhand ein Museum erbaut wurde. Mit über 800 Exponaten und thematischen Wechselausstellungen zeigt es das Leben in Stockholm im Mittelalter (Di–So 12–17, Mi 12 bis 19 Uhr, Eintritt frei, www.medeltidsmuseet.stockholm.se).

Im Zentrum

**Stadshuset 4

Das Rathaus mit der markanten roten Klinkerfassade ist ein Wahrzeichen nicht nur Stockholms, sondern ganz Schwedens. Seine Turmspitze zieren drei goldene Kronen, das Reichssymbol. Stadshuset entstand nach mittelalterlichen Vorbildern und wurde 1923 eingeweiht, 400 Jahre nach dem Einzug Gustav Vasas in die Stadt. In den prächtigen **Festsälen** findet jedes Jahr das Bankett der Nobelpreisverleihung statt (Führungen tgl. 10 und 12 Uhr, im Sommer auch 11, 14 und 15 Uhr, Turm nur Mai–Sept. Info-Tel.

Karte
Seite 120

08/50 82 93 49). Das dabei aufgetischte **Menü können auch nicht Geladene probieren,** nämlich im stilvollen **Restaurant Stadshuskällaren** in den Kellergewölben (Tel. 08/50 63 22 00, ●●●).

Kulturhuset 5

Im Zuge der völligen Neugestaltung des Klaraviertels 1968–1974 entstand dieses Forum mit der gläsernen Fassade. Es bietet eine Plattform für Theater, Ausstellungen und Lesungen sowie mehrere Cafés (www.kulturhuset.stockholm.se). Im Untergeschoss lockt **Design Torget.** Der Laden hat neben bekannten Klassikern auch Designprodukte aufstrebender Nachwuchstalente im Angebot (www.designtorget.se, Mo–Fr 10 bis 17, Sa 10–18, So 11–17 Uhr). Etwas weiter östlich ist das 1915 eröffnete Kaufhaus **Nordiska Kompaniet** (NK) zu finden: Unter dem großen Glasdach kann man in **mehr als 100 Shops** ausgiebig nach Mitbringseln suchen (Hamngt. 18–20, www.nk.se).

*Moderna Museet 6

1998 eröffnete das vom spanischen Architekten Ralf Moneo entworfene Museum für moderne Kunst, das auch ein Architekturmuseum beherbergt. Nach einer Renovierung zeigt es nun wieder seine großartigen Sammlungen moderner Kunst des 20. Jhs. sowie wechselnde Ausstellungen international renommierter Künstler (Tel. 08/51 95 52 89, www.modernamuseet.se, Di 10–20 Uhr, Mi–So 10–18 Uhr).

Rot leuchtet das Stadshuset

*Nationalmuseum 7

Die Sammlungen in diesem Haus umfassen Werke namhafter europäischer Meister seit dem 16. Jh. und natürlich schwedische Malerei und Kunsthandwerk. Carl Larsson schuf die Fresken im Treppenhaus mit Szenen aus der Geschichte Schwedens (Di, Do 11–20, Mi, Fr–So 11–17 Uhr).

Östermalms Saluhall 8

Die 1889 erbaute historische Markthalle **Östermalms Saluhall** versprüht noch immer das Einkaufsflair der damaligen Zeit. Fast feudal geht es an ihren Spezialitätenständen zu, wo man feinste Delikatessen aus Meer, Wald und Feld bekommt (www.saluhallen.com, Mo–Do 9.30–18, Fr 8.30 bis 18.30, Sa 9.30–16 Uhr).

Historiska Museet 9

Das Museum dokumentiert die frühe Landesgeschichte bis 1523,

Auf Schloss Drottningholm wohnt die königliche Familie

dem Geburtsjahr des schwedischen Staates. Sehenswert sind or allem **Guldrummet** (die Goldkammer) mit Gold- und Silberkunst aus der Völkerwanderungs- und Wikingerzeit sowie die Wikingerausstellung (Mai–Sept. tgl. 10–17, sonst Di–So 11–17, Do 11–20 Uhr, www.historiska.se).

Djurgården

Die Halbinsel lockt mit einem breiten Angebot an Freizeitparks und erstklassigen Museen › Tour S. 119.

*Nordiska Museet 10

Das Museum beschreibt die Geschichte Schwedens seit Gustav Vasa, also seit 1520. Im Foyer steht denn auch eine gigantische Skulptur des ersten schwedischen Königs. Neben den Sammlungen von Trachten, Spielzeug, Möbeln und Interieurs seit dem 16. Jh. sowie einer Abteilung zum Volk der hauptsächlich in Nordskandinavien lebenden Sami werden wechselnde Ausstellungen gezeigt (Juni–Aug. tgl. 10–17, sonst Mo bis Fr 10–16, Mi bis 20, Sa, So 11–17 Uhr, Eintritt frei, www.nordiskamuseet.se).

11 **Vasa-Museum 11

Am 10. August 1628 sollte der Stolz der schwedischen Großmachtflotte, das prächtige Kriegsschiff »Vasa«, zur Jungfernfahrt aufbrechen. Doch nach nur wenigen Minuten kenterte es vor den Augen der Stockholmer. Nach 333 Jahren wurde die Vasa 1961 in einer spektakulären Aktion geborgen. Es gibt kein zweites Schiffswrack dieses Alters, das so gut erhalten ist. Komplett restauriert, einschließlich teilweise originaler Takelage, ist der Segler heute fast so schön wie am Tag seiner ersten Reise. Das Museum dokumentiert anhand von Ausstellungen, Filmen und Computersimulationen auch den historischen Zusammenhang, in dem die »Vasa« entstand (Juni–Aug. tgl. 8.30–18, sonst Di–So 10–17, Mi bis 20 Uhr, www.vasamuseet.se).

**Skansen 12

Das älteste Freilichtmuseum der Welt (1891) versammelt heute rund 150 authentische Gebäude aus ganz Schweden. An »Handwerkertagen« werden alte Produktionsweisen vorgeführt.

Feste wie Mittsommer, Weihnachten oder St. Lucia werden auf

dem Areal feierlich begangen (www.skansen.se, tgl. mind. 10 bis 15 Uhr, in der Saison länger).

Ausflug nach ***Schloss Drottningholm 13

Königin Hedvig Eleonora gab 1662 den barocken Palast, 12 km westlich vor den Toren Stockholms gelegen, in Auftrag. Angeblich war es die gegenwärtige Monarchin Silvia, die 1981 veranlasste, dass die Familie mit den damals noch kleinen Kindern hinaus aufs Land zog. Den Bau samt der großen Parkanlage, dem **chinesischen Schloss** und dem **Schlosstheater** zählt die UNESCO zum Weltkulturerbe. Das Barocktheater ist das einzige in der Welt, dessen historische Bühnenmechanik noch voll funktionsfähig ist. Davon überzeugt im Sommer das Opernfestival (www.royalcourt.se, Mai–Aug. tgl. 10–16.30, Sep. tgl. 11–15.30, Okt., April Sa–So 11–15.30, März–Nov. Sa, So 12 bis 15.30 Uhr; Theater: nur Führungen; der Park ist ganzjährig offen; Schiffsverbindungen ab Stadshuskajen).

Info

- **Stockholm Visitor Center**

Vasagt. 14][Tel. 08/50 82 85 08
www.stockholmtown.com
Mo–Fr 9–18, Sa 10–17, So 10–16 Uhr.
Hier gibt es u.a. die **Stockholmskortet** (1 Tag: 425 SEK; auch für 2 oder 3 Tage erhältlich), die freien Eintritt zu 80 Sehenswürdigkeiten, die kostenlos

Echt gut!

Die besten Shopping-Adressen

- Eine riesige Auswahl an Glaskunst zweiter Wahl, Geschirr, Tischwäsche und Wohnaccessoires findet man in **Kosta** › S. 65. Rund um die traditionsreiche Glashütte ist ein großes Outlet-Center entstanden.
- Die **Glashütte von Åfors** › S. 66 verkauft im angeschlossenen Shop günstige Artikel zweiter Wahl; erste Wahl und Unikate kauft man im benachbarten Laden »Fina Stugan«.
- **Skeppshult Gjuteri** ist ein Gießereibetrieb, der Bräter und Pfannen, aber auch Öfen aus Gusseisen herstellt. Die Gießerei liegt auf halbem Weg zwischen Jönköping und Halmstad und bietet einen Fabrikverkauf (Bruksgatan 1, 33393 Skeppshult, www.skeppshult.com).
- Gotland ist berühmt für feine Schafwolle. Die Firma **Yllet** in Visby › S. 132 verarbeitet Wolle und Felle zu exklusiver Kleidung. Strickwaren überwiegen, besonders schön sind die warmen Jacken und Mäntel (www.yllet.com, S:t Hansgatan 19). Yllet-Shops gibt es auch in Stockholm (Drottninggatan 106) und Malmö (Jöns Filsgatan 2).
- **Designtorget** nennt sich eine kleine Kette, die ihren Ursprung im Stockholmer Kulturhuset › S. 123 hat. Der Laden präsentiert u.a. schwedische Nachwuchsdesigner.
- Das **Vitlycke Museum** › S. 91 vermarktet die Felszeichnungen in seinem Shop in den unterschiedlichsten Formen. Praktisch sind die Handtücher, hübsch die Ohrstecker in Form der Felszeichnungen.

Nutzung von öffentlichen Parkplätzen und öffentlichem Nahverkehr sowie eine Bus- und eine Bootsstadtrundfahrt beinhaltet.

■ **Arlanda Visitor Center**
Ankunftshalle Terminal 5
Tel. 08/79 76 00
Tgl. 6–24 Uhr

Verkehrsmittel

■ **Flugverkehr:** **Arlanda**, 40 km nördlich (www.arlanda.com, Tel. 08/797 60 00), gute Zug- und Busverbindungen ins Zentrum. Direktflüge von allen größeren Flughäfen Mitteleuropas, Drehscheibe für innerschwedische Flüge. **Skavsta** (www.skavsta-air.se, Tel. 0155/28 04 00), 100 km südlich bei Nyköping, Zug- und Busverbindungen.
■ **Öffentliche Verkehrsmittel:** Stockholm verfügt über ein dichtes U-Bahnnetz (Tunnelbana), über gute Pendelzug-Verbindungen in die Vororte, Busse und ein Linienbootnetz.
Kinder unter 7 Jahren fahren gratis. Zuständig ist Storstockholms Lokaltrafik (www.sl.se, Tel. 08/600 10 00)

Hotels

■ **Nordic Light und Nordic Sea**
Vasaplan][Tel. 08/50 56 30 00
www.nordichotels.se
Zwei sich gegenüberliegende Designhotels direkt am Bahnhof. Im größeren Nordic Sea werden Kunstausstellungen arrangiert, und dort befindet sich auch die **Eisbar – Raumtemperatur -5 °C, Interieur inklusive der Gläser komplett aus Eis –,** ein Ableger des berühmten Eishotels in Lappland. ●●● Echt gut

■ **Hotel Birger Jarl**
Tulegatan 8
Tel. 08/674 18 00][www.birgerjarl.se
14 schwedische Designer haben 235 Zimmer eingerichtet – vom hellen Standardzimmer bis zur individuell gestalteten Suite mit Dachterrasse. Das Restaurant bietet schwedische Küche und moderne Gerichte ●●●

■ **Hotel Rival**
Mariatorget 3
Tel. 08/54 57 89 00][www.rival.se
Abba-Legende Benny Andersson besitzt dies Konzepthotel in einem einstigen Kino in Södermalm: Schickes

Die blau-grüne Stadt

Charakteristisch für Stockholm ist, dass es zu einem Viertel aus Wasser und Grünflächen besteht. In wohl keiner anderen Metropole kann man mitten im Zentrum Baden oder Angeln. Zu verdanken hat die Stadt dieses einmalige Freizeitpotenzial ihrer Lage auf 14 Inseln zwischen Ostsee und dem See Mälaren. Der schwedische Adel hat mit seinen von Parks und Grünanlagen umgebenen Schlössern und Herrensitzen, wie auf Djurgården oder im Hagapark, viel Grün in die Stadt gebracht. Und eine behutsame Bebauungspolitik wacht heute über diese Ressourcen. 1995 wurde ein großer Teil des Stadtgebiets, von Djurgården bis zu den Grünanlagen von Haga und Ulriksdal, zum ***Ekoparken** mit Nationalparkstatus erklärt. Besuche von Schloss Ulriksdal und des Kupferzelts Gustavs III. im Hagapark kann man auch in eine Schiffsrundfahrt integrieren. Ein breites Angebot findet man bei den Reedereien Strömma und Waxholmsbolaget › Special S. 88.

Design, 99 moderne Zimmer und Suiten, und sogar ein Theatersaal. ●●●

■ **Långholmen Hotel**
Långholmsmuren 20
Tel. 08/720 85 00
www.langholmen.com
Mit Witz und Liebe zum Detail umgebautes ehemaliges Staatsgefängnis auf der Insel Långholmen etwas südlich des Zentrums. ●●

■ **Hotel Gustav Vasa**
Västmannagt. 61][Tel. 08/34 38 01
www.gustavvasahotel.se
Einfaches Hotel in historischer Stadtvilla unweit der Drottningsgatan. 41 gemütliche Zimmer mit hoher Stuckdecke, Holzboden und Kachelofen. ●

■ **Af Chapman**
Västra Brobänken][Skeppsholmen
Tel. 08/463 22 66
www.stfchapman.com
Das schöne Jugendherbergsschiff ankert vor Skeppsholmen mit Blick auf Gamla Stan. Unbedingt rechtzeitig reservieren. ●

Restaurants

■ **Operakällarens Matsal**
Operahuset][Tel. 08/676 58 00
www.operakallaren.se
Spitzenrestaurant mit stimmungsvollem Interieur im Stil der Neorenaissance; So, Mo geschl. ●●●

■ **F12**
Fredsgatan 12
Tel. 08/24 80 52][www.f12.se
Echt gut! **Trendy und schick, eine Top-Adresse in Stockholm.** Die Köche überraschen die Gäste mit immer neuen Geschmackserlebnissen. So geschl. ●●●

■ **Fjäderholmarnas Krog**
Insel Fjäderholmarna
Tel. 08/718 33 55
www.fjaderholmarnaskrog.se
Meeresfrüchte und Fisch dominieren die Karte. Im Winter geschl.
Auf die Insel kommt man alle 30 Min. ab Slussen. ●●

■ **Den gyldene Freden**
Österlånggatan 51][Tel. 08/24 97 60
Sehr gute schwedische Küche in einem der ältesten Restaurants der Stadt mit Gewölbekeller. So, Fei geschl. ●●

■ **Café Opera**
Operahuset][Tel. 08/676 58 07
Tagsüber für kleinere Gerichte und den Nachmittagskaffee zu empfehlen. Neobarocke Prach tplus modernes Design. Nachts verwandelt es sich in einen **beliebten Club, der schon jede Menge Promis gesehen hat.** ●● Echt gut!

■ **Friends Café**
Skeppsbron 6][Tel. 08/411 88 21
Café mit Mittagstisch in Schlossnähe. Öffnet Mo–Fr morgens bereits früh; So geschl. ●

■ **Hermans**
Fjällgatan 23 A][Tel. 08/643 94 80
Café mit Mittagstisch. Vegetarische Gerichte und tolle Aussicht über die Stadt. Im Sommer Mi, Fr, Sa abends Livemusik. ●

Nightlife

Diskos und Bars ballen sich um Stureplan: Östermalm und insbesondere die Bibliotheksgatan weist die höchste Dichte an Bars und Clubs auf.

■ Einer der besten Livemusik-Clubs ist der Fasching Jazzclub **(Kungsgatan 63, www.fasching.se).**

■ Über mehrere Etagen verteilen sich Musik und Gäste in der Sturecompagniet **(Sturegatan 4, www.sturecompagniet.se).**

■ Event-Club und Disco ist die Spy Bar **(Birger Jarls gatan 20, www.spybar.com).**

Gotland und Öland

Nicht verpassen!

- Ein Spaziergang durch die mittelalterliche Altstadt von Visby
- Das steinerne Naturschauspiel der Raukar auf Fårö
- Besuch einer der großen Landkirchen auf Gotland
- Eine Zeitreise in der rekonstruierten Burganlage Eketorp
- Ein Ausflug zum Leuchtturm Långe Jan an Ölands südlicher Spitze

Karte
Seite 130

Zur Orientierung

Auf **Gotland** ist der Sommer mild und lang. Schwedens größte Ostseeinsel ist ein Kalksteinplateau, das die Wärme speichert. So entsteht eine Thermik, die oft ein blaues Loch über der Insel erzeugt, während überall sonst dicke Wolken hängen. Die langen Sandstrände sind für viele Schweden ein Grund, hier ihre Ferien zu verbringen. Ein weiterer ist **Visby,** Haupstadt und UNESCO-Weltkulturerbe. Für Fahrradtouren bietet sich der markierte Weg Gotlandsleden an, der kreuz und quer über die ganze Insel führt. Die nötige Ausrüstung – vom Bike bis zum Zelt – kann man vor Ort mieten. Gotland ist auch historisch interessant. Von der Frühzeit über die Wikinger bis hin zur Hanse im ausgehenden Mittelalter ziehen sich die Funde auf der Insel, die ein wichtiger Knotenpunkt alter Handelswege war.

Auch die kleinere Insel **Öland,** wo die Königsfamilie ihren Sommersitz hat, nehmen die Schweden im Sturm – über die 6 km lange Autobrück vom Festland auf die 140 km lange Insel. Im Sommer ist in der Inselhauptstadt **Borgholm** dementsprechend der Bär los. Neben den kinderfreundlichen Sandstränden am Kalmarsund besitzt das karge, einsame Innere besonderen Reiz.

Bockwindmühlen bei Lerkaka auf Öland

Touren in der Region

Eine Runde über Gotland

(15) Visby › Tofta › Klintehamn › Burgsvik › Ljugarn › Katthammarsvik › Slite › Bläse › Fårösund › Sudersand

Dauer: 2 Tage
Praktische Hinweise: Wer einen festen Standort auf Gotland hat kann die Tour in mindestens drei verschiedene Tagestouren unterteilen: ein Tag für den Süden um Burgsvik, ein Tag für den Osten um Ljugarn und und ein Tag für den Norden mit Fårö.

Vom südlichsten Punkt bei Hoburg bis zum Leuchtturm auf der Insel Fårö ganz im Norden streckt sich Gotland auf 170 Straßenkilometer. Auch wenn die Straßen gut ausgebaut sind, liegt die Fahrzeit immerhin bei dreieinhalb Stunden.

Ausgangspunkt ist die alte Hansestadt ****Visby** › S. 132. Auf dem Weg nach Süden lohnt als erstes ein kurzer Schlenker nach ***Högklint** › S. 134. Auf der Steilküste 48 m über dem Meer bietet sich hier ein weiter Blick bis nach Visby. Schöne Badestrände gibt es dann bei ***Tofta** › S. 134, während im Hafen von **Klintehamn** › S. 135 Frachtschiffe ihre Ladung umschlagen. Bei **Sandvik** führt eine Schotterpiste direkt an der Küste entlang nach **Djupvik** (manchmal auch Djauvik geschrieben), wo Ausflugsboote hinüber zu den unbewohnten Karlsinseln ablegen. Weiter südlich kann man mit **Petes Gård** einen restaurierten Bauernhof aus dem 19. Jh. besichtigen. Über **Burgsvik** › S. 135 geht es zum südlichsten Punkt Gotlands, wo eine Felsnase wie ein Gesicht auf das Meer schaut: im Volksmund **Hoburgsgubben,** der alte Mann von Hoburg, genannt.

Richtung **Ljugarn** › S. 136, einem beliebten Badeort, sollte man wenigstens eine der großen Landkirchen in Burs, När oder Lau besichtigen. Über den Fischerort **Katthammarsvik** geht es hinauf in den Norden. Am Steinbruch von **Slite** zeigt die Insel ihr weißes Kalksteinfundament; in **Bläse** › S. 136 erzählt dann das Kalkofenmuseum die lange Geschichte der Kalksteinverarbeitung. Kurz vor **Fårösund** › S. 137 erreicht man **Bunge** mit seinem Freilichtmuseum und einer Kirche mit schönen Kalkmalereien.

In Fårösund verbindet eine kostenlose Autofähre die Hauptinsel mit der benachbarten Insel ****Fårö** › S. 137. Hier warten im Nordwesten die Raukar genannten, bizarren Felsformationen und im Osten bei **Sudersand** schöne Sandstrände.

15 **Name Eine Runde über Gotland**
Visby › Tofta › Klintehamn › Burgsvik › Ljugarn › Katthammarsvik › Slite › Bläse › Fårösund › Sudersand

Fahrt über Öland

16 Färjestaden › Mörbylånga › Långe Jan › Eketorp › Gårdby › Löttorp › Borgholm

Dauer: 2 Tage
Praktische Hinweise: Die Tour lässt sich gut in einen nördlichen und einen südlichen Teil aufsplitten.

Die Brücke von ****Kalmar** › S. 63 trifft die Insel bei **Färjestaden** › S. 137 in der Mitte der Westküste. Über **Mörbylånga** geht es nach Süden. Auf der Fahrt begleitet einen im Landesinneren die weite Heidelandschaft **Stora Alvaret** mit vielen Zeugnissen langer Besiedlung sowie einzigartiger Flora und Fauna. Die UNESCO rechnet diese Inselbesonderheit zum Weltkulturerbe.

An der Südspitze Ölands wacht der Leuchtturm **Långe Jan;** die Gegend ist wegen ihres Artenreichtums ein beliebtes Ziel von Ornithologen. Erstes Highlight an der Ostküste ist dann die ehemalige Wehrburg ****Eketorp** › S. 138. Fährt man auf der einsamen Ostseite der Insel über das Örtchen **Gårdby** wieder gen Norden, trifft man auf die für Öland so typischen Windmühlen, die manchmal sogar in Reihe stehen. Besonders gut erhalten sind die beim Freilichtmuseum ***Himmelsberga** (www.himmelsberga museum.com, Mitte Mai–Aug. 10–17.30 Uhr) und bei **Löttorp.** Während man um die Nordspitze kleine, einsame Strände findet, erreicht man an der Westküste mit ***Borgholm** › S. 137 das sommerliche Vergnügungszentrum der Schweden, wo auf den erholsamen Strandtag das abendliche Partyvergnügen folgt.

Verkehrsmittel

Von Stockholm bestehen mehrmals täglich **Flugverbindungen** nach Gotland. Im Sommer gibt es von Düsseldorf und Köln/Bonn samstags eine Flugverbindung via Berlin nach Visby (www.airberlin.com). Mit Fähren erreicht man die Insel von Oskarshamn und Nynäshamn (tgl. Verbindungen, Fahrpläne und Buchungen: www.destinationgotland.se).

Auf www.gotland.info wird man über die Anreisemöglichkeiten informiert.

16 **Fahrt über Öland** Färjestaden › Mörbylånga › Långe Jan › Eketorp › Gårdby › Löttorp › Borgholm

Unterwegs auf Gotland

12 ***Visby 1

Wie zur Hansezeit sind die mittelalterliche Stadtmauer, die Kirchen- und Wachtürme das Erste, was Besucher von Visby (22 000 Einw.) wahrnehmen. Die 3,5 km lange ****Stadtmauer** vom Ende des 13. Jhs., die den Ort umschließt, ist mit über 50 Türmen und Toren nahezu vollständig erhalten. Die beiden »Löcher« rissen Angriffe der Lübecker und der Schweden Anfang des 16. Jhs. Mitte des 12. Jhs. boomte die einstige Wikingersiedlung. Bevor Lübeck im 13. Jh. die Führung des Hansebundes übernahm, war hier der wichtigste Handelsplatz im Ostseeraum. Eine dichte Bebauung mit Wohn- und Speicherhäusern aus Stein und ein gutes Dutzend Kirchen waren Ausdruck des Reichtums, an dem deutsche Handwerker und Händler maßgeblich beteiligt waren. Keine Stadt der Hansezeit ist so vollständig erhalten wie Visby. Und kaum eine kann sich einer so schönen Lage an einem Steilhang über der Ostsee rühmen.

Ein Rundgang sollte in **Almedalen,** dem einstigen Hafen, beginnen. Direkt hinter der Stadtmauer, an der Strandgatan, recken sich einige Speicherhäuser mit ihren Treppengiebeln auf. Über kopfsteingepflasterte Gassen erreicht man den Dom ***St. Maria,** 1225 als deutsche Kirche geweiht, das einzige mittelalterliche Gotteshaus, das heute noch genutzt wird. Der Platz Stora Torget grenzt an die beeindruckende Ru-

Die 5,50 m hohe mittelalterliche Stadtmauer sollte Visby vor Angriffen vom Meer, aber vor allem vor den eigenen Bauern schützen

Karte Seite 130

ine von ***St. Karin,** die 1233 von Franziskanermönchen gegründet wurde. Noch überwältigender sind die Reste der gotischen Kirche ****St. Nikolai** (12. Jh.). Die am besten erhaltene Kirchenruine Visbys ist häufig **Schauplatz von Konzerten,** u.a. der immer Ende Juli/Anfang August stattfindenden Kammermusikfestspiele (www. gotlandchamber.se).

cht gut!

8000 Jahre Kulturgeschichte von Visby und Gotland sind im Museum ****Gotlands Fornsal** interessant und anschaulich aufbereitet. In dem ehemaligen Kaufmannsspeichers aus der Hansezeit sind u.a. einzigartige Bildstöcke und ein großer Silberschatz aus der Wikingerzeit zu sehen (Strandgatan 19, www.lansmuseet gotland.se, mind. Di–So 11 bis 16 Uhr). Im Museums-Shop kann man Nachbildungen von archäologischen Fundstücken kaufen. Zum Komplex gehört auch **Gotlandium,** das sich anhand von Fossilien der Geologie und Frühgeschichte der Insel widmet.

Info

■ **Turistbyrån i Visby**
Skeppsbron 4–7][Tel. 04 98/20 17 00
www.gotland.info

■ **Gotlands Resor**
Färjeleden 3][Tel. 04 98/20 12 60
www.gotlandsresor.se
Unterkünfte, Komplettangebote, Fahrradverleih etc.

Fahrradverleih

Gotlands Cykeluthyrning
Skeppsbron 2][Tel. 04 98/21 41 33
www.gotlandscykeluthyrning.com

Hotels

■ **Clarion Hotel Wisby**
Strandgt. 6][Tel. 04 98/25 75 00
www.wisbyhotell.se
Gelungene Kombination aus mittelalterlichen Mauern und moderner Stahl-Glas Architektur. ●●●

■ **Hotell St. Clemens**
Smedjegt. 3][Tel. 04 98/21 90 00
www.clemenshotell.se
Die z.T. mittelalterlichen Gebäude gruppieren sich um einen idyllischen Innenhof mit Blick auf die Ruine von St. Clemens. ●●●

■ **Best Western Strand Hotel**
Strandgt. 34][Tel. 04 98/25 88 00
www.strandhotel.se
Auf drei Häuser verteiltes, erstklassiges Hotel in zentraler Lage. ●●●

Die Mittelalterwoche

Jedes Jahr Anfang August macht Visby eine Zeitreise um 700 Jahre zurück und stellt am letzten Sonntag kollektiv und lustvoll ein historisches Ereignis nach. 1361 überfiel Dänenkönig Valdemar Atterdag die Stadt und forderte von den Bürgern hohen Tribut. Historisch nicht belegt ist, dass die aufgebrachten Einheimischen daraufhin die Jungfrau, die dem Feind Einlass in die Stadt gewährt haben soll, in einen Turm einmauerten. Einheimische und Gäste kleiden sich möglichst authentisch und veranstalten mittelalterliche Märkte und Turniere. Kurse in Kräuterheilkunde, mittelalterlicher Küche, Magie und Mythologie gehören zum Begleitprogramm (www.medeltidsveckan.se).

■ **Hotell Villa Borgen**

Adelsgt. 11][Tel. 04 98/20 33 00

Nettes Haus ohne Restaurant im oberen Teil der Altstadt, sehr unterschiedliche Zimmer, teils überaus klein, reichhaltiges Frühstücksbuffet. ●●

■ **STF Hostel Visby/Rävhagen**

Rävhagen][Tel. 04 98-24 04 50

www.stfturist.se

Jugendgästehaus auch mit Hütten im Wald, außerhalb der Altstadt. ●

Restaurants

Visby gilt als die schwedische Stadt mit der größten Dichte an Restaurants und Gaststätten. So hat man eine große Auswahl an guten und auch preiswerten Lokalen.

■ **50 Kvadrat**

St. Hansgt. 15][Tel. 04 98/27 83 80

www.50kvadrat.se

Echt gut!

Top-Adresse auf Gotland. Fredrik Malmsted war Mitglied der schwedischen Koch-Nationalmannschaft. ●●●

Ein Ritterturnier bei der Mittelalterwoche

■ **Friheden**

Strandgt. 6][Tel. 04 98/24 99 75

Echt gut

Eleganz und Stil erlebt man im Restaurant des Wisby Hotels (› S. 133): ob beim Dinner bei Kerzenlicht oder in der Bar. Die Köche widmen sich Spezialitäten aus lokalen Rohwaren wie Lammfleisch oder Meerestieren, beherrschen aber auch mediterrane Rezepte.

Mo–Sa ab 17 Uhr. ●●●

■ **Donners Brunn**

Donner Plats 3][Tel. 04 98/27 10 90

Erstklassige Küche, freundlicher Service und angenehme Atmosphäre in mittelalterlichen Gewölben; im Sommer tgl. ab 18 Uhr geöffnet. Es gibt auch eine Bar. ●●●

■ **Restaurang & Pub Nunnan**

Stora Torget 9][Tel. 04 98/21 28 94

Im Inneren des Lokals »Nonne« kann man mittelalterliche Malereien bewundern, beim Blick aus dem Fenster die Ruinen von St. Karin. Gute einfachere Gerichte. ●●

Nightlife

Gutekällaren

Stora Torget

www.gutekallaren.com

Lounge, Bars und Nachtclub unter einem historischen Dach bzw. auf der Terrasse mit herrlichem Blick auf St. Katarin. Im Sommer auch Strandbar.

*Tofta 2

Auf dem Weg nach Tofta bietet sich von der Steilküste bei ***Högklint** ein schöner Blick zurück auf Visby. Die attraktive Stadt selbst ist eine traditionelle Sommerfrische mit besonders kinderfreundlichen Sandstränden, die auch Surfer schätzen.

Karte
Seite 130

Hotels

■ **Hotell Toftagården**
Tel. 04 98/29 70 00
www.toftagarden.se
Schönes Landhotel; das Restaurant bietet gotländische Spezialitäten. ●●●

■ **Tofta Strandpensionat**
Solbacksv. 19][Tel. 04 98/29 70 60
www.toftastrand.se
Schlichtes Hotel am Strand mit Restauranttterrasse direkt in den Dünen. ●●

Klintehamn 3

Von **Klintehamns** modernem Hafen aus erreicht man die unbewohnten ***Karlsinseln** mit ihrer üppigen Vogel- und Pflanzenwelt (www.storakarlso.se; zur Insel Stora Karlsö: Mai–Ende Aug. tgl. 9 und 11 Uhr, Tel. 04 98/24 05 00; zur Insel Lilla Karlsö: Mai–Ende Aug. Fischerboot ab Djupvik Tel. 04 98/24 11 39).

Hotel

■ **Warfsholms Pensionat**
Tel. 04 98/24 00 10
www.warfsholm.se
Die Jugendstilvilla auf der Halbinsel nördl. vom Hafen bietet Unterkunft mit Hotel- und einfachem Jugendherbergsstandard. Sommerrestaurant. ●●

■ **Karlsö Jagt- & Djurskyddsförenings**
Tel. 04 98/24 04 50
boka@storakarlso.se
Auch auf Stora Karlsö kann man übernachten, entweder in der sehr guten Jugendherberge oder im Leuchtturm. ●

Burgsvik 4

Burgsvik ist ein kleiner verschlafener Hafenort, wo im Sommer ein Fischrestaurant hinter den dicken Mauern des Hafenspeichers öffnet. Die benachbarte Landkirche von Öja weist ein prachtvolles Kruzifix auf. Der Museumshof Bottarvegården liegt südlich außerhalb des Ortes.

Echt gut!

Die schönsten Strände

■ Der feine, fast weiße Sandstrand bei **Tofta** › S. 134 ist ein von den Touristen noch kaum aufgedecktes Geheimnis der Einheimischen. Service gibt es zwar keinen, aber ein Restaurant liegt in der Nähe.

■ Wer mit sich und der Natur allein sein möchte, sucht den **Sudersand Strand** auf **Fårö** › S. 137. Von dem wissen selbst nur wenige Schweden.

■ Ein Klassiker ist **Tylösand** › S. 79. Die Strände sind bewacht, es gibt Restaurants und Buden.

■ **Skrea Strand** bei **Falkenberg** › S. 80 ist durch hohe Dünen vom Hinterland getrennt. Je weiter man sich von Falkenberg entfernt, umso einsamer wird es.

■ Geht man vom Parkplatz am Nationalparkhaus **Stenshuvud** › S. 52 über die Wiesen hinab in Richtung Meer, erreicht man einen kleinen, lauschigen Strand, der selten voll ist. Sein flaches Wasser ist auch für kleine Kinder geeignet.

■ In Schweden kündigt ein eigenes **Verkehrszeichen Badeplätze** an. Gerade im Landesinneren wird man von diesem oft zu idyllischen Badestellen an den Seen geführt. Wenn sich hier 50 Leute treffen, gilt es für schwedische Verhältnisse schon als voll.

Karte
Seite 130

Ljugarn 5

Zu Beginn des 20. Jhs. zählte die Stadt an der Ostküste zu den populärsten Badeorten Schwedens. Für die feine Gesellschaft gab es ein Sozietätshaus und direkt am Strand eine Sauna. Im **Haus des Strandvogts** (*strandridaregården*) erläutert ein kleines Museum Natur und Geschichte der Gegend.

Hotel

Pensionat Lövängen & Frejs Magasin
26365 Ljugarn][Tel. 04 98/49 30 11
frej@ljugarn.com
Nette Frühstückspension und Jugendherberge in einem Lagerhaus von 1898. Im Garten am Meer außerdem Hütten mit teils guter Ausstattung. ●●

Die gotländischen Landkirchen

Gotland war im Mittelalter eine der reichsten Regionen im Ostseeraum. Neben dem handeltreibenden Visby florierte auf der Insel auch die Landwirtschaft. Die Bauern wollten lange Zeit das Handelsprivileg der Stadt Visby nicht anerkennen. So entstand die Stadtmauer Visbys nicht zum Schutz vor äußeren Feinden, sondern vor der eigenen Bevölkerung. Der Wohlstand der Bauern lässt sich ablesen an den prächtigen Landkirchen aus dem 12. und 13. Jh., die es in nahezu jedem Dorf gibt. Über 50 blieben erhalten, die meisten sind viel größer als es die kleinen Orte vermuten lassen. Besonders schön sind die Kirchen in Lärbro, Gothem und Tingstäde im Norden, in Ala und Lau im Osten sowie När im Süden der Insel.

Restaurant

Katthammarsviks Rökerei
Hafen in Katthammarsvik
Tel. 04 98/523 75
Die Fischräucherei 10 km nördlich von Ljugarn betreibt im Sommer ein kleines Restaurant. Frischer Fisch und Geräuchertes in einfachem Ambiente, aber bester Qualität. ●●

Roma 6

Im zentral gelegenen Roma werden die auf Gotland angebauten Zuckerrüben verarbeitet. Noch heute ist Roma Knotenpunkt der dafür gebauten Eisenbahnstrecken, im Nachbardorf Dalhem kann man im Sommer mit so einer Museumsbahn fahren (www.gotlandstaget.se). Südöstlich stehen die Überreste eines Zisterzienserklosters aus dem 12. Jh. und eines Königshofs. Heute ist dort ein Zentrum für Kunst und Design (www.romakungsgard.se).

Bläse 7

An der Bucht Kappelshamnsviken liegt der ***Bläse Kalkbruk** mit einem Museum, das die Geschichte der Herstellung gebrannten Kalks zeigt, der zu Mörtel, Zement o.ä. verarbeitet wurde. In den Steinbruch fährt eine Museumsbahn (www.blasekalkbruksmuseum.se, Juni–Aug.. Mo–Fr 11–18 Uhr, Sa/So 12–18 Uhr).

Karte Seite 131

**Fårö 8

Kurz vor **Fårösund** lohnt zunächst ein Besuch im **Bungemuseet** mit rekonstruierten Hofanlagen. Im Sommer finden hier Handwerkstage statt; es gibt ein Café und einen Museumsladen (Juni–Anfang Sept. tgl. mind. 11–16 Uhr). Von Fårösund verkehrt eine kostenlose Fähre zur Nachbarinsel Fårö. Der Ausflug zur kaum besiedelten »Schafsinsel« lohnt u.a. wegen der bizarren Kalksteinsäulen der ****Raukar.** Die schönsten Felsformationen findet man im Norden der Insel an den steinigen Stränden Digerhuvud und Langhammar. Auf der Ostseite der Insel gibt es dagegen **bei Sudersand feinen Sandstrand.**

Echt gut!

Hotels

■ **Fårösund Fästning**

Bungenäset, Fårösund

Tel. 04 98/22 12 40

www.pontusfrithiof.com

In der ehemaligen Festung von Fårösund schufen die Besitzer des Stockholmer Edelrestaurants »Pontus« ein **erstklassiges Design- und Wellnesshotel.** Und natürlich tafelt man auch hier hervorragend. ●●●

Echt gut!

■ **Sudersand Semesterby**

Sudersand, Fårö][Tel. 04 98/22 35 36

www.sudersand.se

Hübsche Ferienhausanlage am feinen Sandstrand. Neben einfachen, älteren Häusern wurden 2008 neue komfortabler ausgestattete Doppelhäuser errichtet. Auch eine Jugendherberge und ein Restaurant gehören zu dem Komplex.

Unterwegs auf Öland

Färjestaden 9

Vom Festland aus erreicht man über die Brücke Ölandsbron Färjestaden als ersten Ort auf Öland. Etwas nördlich erwartet der Tier- und Freizeitpark **Ölands Djur & Nöjespark** Große und kleine Besucher (Ende April bis Ende Okt. tgl. mind. 11–16 Uhr)

*Borgholm 10

Das Städtchen wird von der imposanten ****Schlossruine** überragt. Vis-à-vis vom Kalmarer Schloss ließ Johan III. ab 1570 die mächtige quadratische Burg mit ihren vier runden Wehrtürmen errichten. Keine 50 Jahre nach Baubeginn wurde die Renaissanceanlage im Krieg stark beschädigt; alle späteren Anläufe zum Wiederaufbau blieben unvollendet. An Sommerabenden wird der Burghof gern als stimmungsvolle Kulisse für Konzerte genutzt (tgl. April–Sept. mind. 10–16 Uhr).

Unterhalb der Festung liegt der Ort mit dem Hafen. Im Sommer herrscht Trubel in den vielen Restaurants, Cafés und Nachtklubs. Die Königsfamilie verbringt jedes Jahr einige Wochen auf ihrem

Borgholms Schlossruine wird gern für Konzerte genutzt

nahen Sommersitz **Solliden.** Der Park der Villa, die 1903 im italienischen Stil erbaut wurde, ist im Sommer für Besucher zugänglich.

Info

Ölands Turistbyrå
Storgt. 1][Tel. 04 85/887 05
www.olandsturist.se

Hotels

- **Halltorps Gästgiveri**
Landsvägen Halltorp 105
Tel. 04 85/850 00
www.halltorpsgastgiveri.se
Haus der Luxusklasse in idyllischer Lage mit Blick auf den Sund ca. 9 km südlich von Borgholm. Das Restaurant genießt einen guten Ruf. ●●●

- **Hotell Borgholm**
Trädgårdsgt. 15][Tel. 04 85/770 60
www.hotellborgholm.se
Kleines, einfaches Haus, nur 500 m vom Hafen entfernt, mit gutem Restaurant. ●●

Grankullavik 11

Der nördlichste Ort auf Öland liegt an einer Bucht. Von hier verkehrt im Sommer eine Fähre nach Gotland. Eine 1908/09 angelegte Schmalspurbahn, die einst Holz transportierte, wird heute als Museumsbahn betrieben (Böda Skogsjärnväg, www.bosj.se).

Hotel

Pensionat Grankullavik
Grankullavägen 318][Byxelkrok
Tel. 04 85/240 40,
Mobil 070-947 27 60
Sehr einfaches Gästehaus mit Restaurant und Hütten ganz im Norden, aber schöne Aussicht auf das Meer. ●

**Eketorp 12

Öland war bereits zur Eisenzeit besiedelt. Über die gesamte Insel verteilt findet man spärliche Überreste von Wehrburgen, in denen die Inselbewohner vor Überfällen Schutz fanden. Die Fluchtburg Eketorp in der kargen Heidelandschaft Alvaret auf Südöland wurde fachmännisch mit Gebäuden aus verschiedenen Epochen rekonstruiert. Eine erste Burganlage entstand bereits um 300 n. Chr.; im 13. Jh. nutzte man sie zum letzten Mal. Das Museum auf dem Burghof zeigt einen Großteil der Funde aus der 1000-jährigen Geschichte. Im Sommer werden hier die Eisenzeit bzw. das Mittelalter wieder lebendig und Besucher können bei Alltagsarbeiten wie Schmieden und Weben mitmachen › Special S. 18.

Infos von A–Z

Ärztliche Versorgung

Bei Erkrankungen, Unfällen oder akuten Zahnschmerzen wendet man sich an die *akutmottagning* (Unfallstation) in Krankenhäusern und Kliniken. Gegen Vorlage der EU-Krankenversicherungskarte fällt für Deutsche und Österreicher eine Gebühr (ca. 10–30 €) an; dennoch ist generell eine zusätzliche Reisekrankenversicherung ratsam.

Autofahren

Auch tagsüber muss man mit Abblendlicht fahren. Viele Tankstellen haben Zapfautomaten, manche davon funktionieren mit *sedel* (Banknoten) zu 20 und 100 SEK. Autofahrern aus europäischen Ländern reicht den nationalen Führerschein; die grüne Versicherungskarte ist zu empfehlen. Wer mehr als 0,2 Promille Alkohol im Blut hat, riskiert hohe Strafen! Übliche Tempolimits sind: 110 km/h auf Autobahnen, 70 km/h auf kleineren Straßen, 50 km/h in Orten.

Behinderte

Schweden hat eine vorbildliche Infrastruktur für Behinderte. Infos erteilt **De Handikappades Riksforbund** (Tel. 08/685 80 00, info@dhr.se).

Diplomatische Vertretungen

- **Deutsche Botschaft**

Skarpögt. 9, 11527 Stockholm
Tel. 08/670 15 00, Fax 670 15 72
www.stockholm.diplo.de

- **Österreichische Botschaft**

Kommendörsgt. 35/V, 11458 Stockholm
Tel. 08/665 17 70, Fax 662 69 28
www.aussenministerium.at/stockholm

- **Schweizer Botschaft**

Valhallavägen 64, 10041 Stockholm
Tel. 08/676 79 00, Fax 21 15 04,
www.eda.admin.ch/stockholm

Einreise

EU-Bürger müssen nicht, sollten aber ein Ausweisdokument dabei haben. Bürger der Schweiz benötigen bei der Einreise einen gültigen Personalausweis, eine gültige Identitätskarte oder einen Reisepass.

Für Campingurlaub und Wanderungen wird von Frühjahr bis Herbst zu einer **Schutzimpfung gegen Zecken-Hirnhautentzündung** geraten.

Elektrizität

220 V Wechselstrom, in Bädern nur 110 V-Steckdosen für Rasierapparate.

Feiertage

Neujahr (1. Januar), Dreikönigstag (*Trettondagen*, 6. Januar), Karfreitag, Ostersonntag und -montag, 1. Mai, Christi Himmelfahrt, Pfingstsonntag, 6. Juni Nationalfeiertag, Mittsommerabend und Mittsommertag (Fr und Sa um den 21. Juni), Allerheiligen (Sa, der auf den 1. Nov. folgt), Weihnachten (25./26. Dezember).

FKK

Es gibt keine ausgewiesenen Bereiche an den Stränden, aber Nacktbaden ist an ungestörten Badeplätzen üblich.

Geld

Kreditkarten sind überall gängige Zahlungsmittel. Mit Bankkarte mit Maestro-Funktion und PIN-Code kann man an den zahlreichen Geldautomaten Bargeld abheben. Im EU-Grenzgebiet nahe Finnland, in den südlichen Regionen sowie in Stockholm wird der Euro oft akzeptiert. Als Wechselgeld gibt es Kronen. Zahlungsmittel dürfen ohne Beschränkungen ein- und ausgeführt werden.

Haustiere

Für die Einreise mit Haustieren ist der EU-Haustierpass nötig und eine Bescheinigung über eine aktuell durchgeführte Entwurmungskur. Die Tiere müssen außerdem einen Chip oder eine Tätowierung tragen (Formulare und Infos: Statens Jordbruksverk, Tel. 046/ 771 22 32 23, www.sjv.se).

Information

- **Visit Sweden**
Stortorget 2–4
83130 Östersund
www.visitsweden.com
- **Infotelefon** (zum Normaltarif):
069/22 22 34 96 (aus Deutschland),
01 92/867 02 (aus Österreich),
044/580 62 94 (aus der Schweiz).

In vielen Orten gibt es die offiziellen Touristeninformationen (*Turistbyrås*); eine nach Regionen und Städten sortierte Liste gibt's hier: www.turism.se

Notruf

- **Notruf:** Tel. 112 (auch im Mobilfunknetz)
- **Pannenhilfe:** Assistancekåren Gratis-Tel. 020-91 29 12

Öffnungszeiten

Schweden kennt kein Ladenschlussgesetz. Große Supermärkte haben täglich geöffnet (So etwa von 11–16 Uhr). Banken haben Mo–Fr 9.30 bis 15 Uhr, Postagenturen meist nur Mo–Fr 9–18 Uhr geöffnet. Touristenattraktionen haben im Juli länger geöffnet als in der restlichen Sommersaison (Mai–Aug.). In der übrigen Zeit ist der Ruhetag meist Montag. Viele Freizeitparks und kleine Museen sind von Sept.–April geschlossen.

Rauchverbot

In Schweden gilt seit Juni 2005 ein striktes Rauchverbot in Cafés, Restaurants, Bars etc.

Telefon/Handy/Internet

Telefonzellen funktionieren fast nur noch mit Telefonkarte (in Telia-Läden und an Zeitungskiosken erhältlich). Über die Servicenummer 020/79 90 49 (eine Einheit) kann man ein Gespräch anmelden, das der Empfänger bezahlt. Die Netzabdeckung für Mobiltelefone liegt in Südschweden bei nahezu 100 %. Internetcafés und WLAN-Hotspots sind weit verbreitet.

- Vorwahl nach Deutschland: 00 49
- Vorwahl nach Österreich: 00 43
- Vorwahl in die Schweiz: 00 41
- Vorwahl nach Schweden: 00 46, dann Ortsvorwahl ohne 0

Trinkgeld

Service ist in allen Preisen enthalten, Trinkgeld erwarten nur Taxifahrer, über eine Anerkennung von gutem Service freut sich auch die Bedienung.

Zoll

EU-Bürger dürfen Waren für den privaten Gebrauch unbeschränkt ein- und ausführen. Für die Einfuhr aus Nicht-EU-Ländern gelten 200 Zigaretten oder 250 g Tabak, 4 l Wein oder 1 l Hochprozentiges als Höchstmenge (www.tullverket.se). Bei der Rückreise ins Heimatland gelten die gleichen Mengen plus Geschenke bis zu max. 300 CHF.

Urlaubskasse	
Tasse Kaffee	1 €
Softdrink (Cola, Mineralwasser)	1,30 €
Glas Bier	3,00 €
Snack Ostmacka (Käsebrötchen)	2,50 €
Kugel Eis	0,85 €
Taxifahrt (Kurzstrecke ca. 10 bis 12 Km)	22 €
Mietwagen/Tag	ab 32 €

Register

Bildnachweis

Alamy/Frank Chmura: 91; Alamy/Lucky Look: 97; Alamy/Pixonnet.com: 54; Alamy/Robert Harding Picture Library Ltd.: 12, 33; Alamy/Stephen Wilson: U2-Top12-02, 67; akvarellmuseet.org/photographer Christer Hallgren: 35; Hasse Bengtsson/Turism Eksjö: 71; Bildagentur Huber: 128; Bildagentur Huber/Gräfenhain: U2-Top12-07, 6; Bildagentur Huber/Picture Finders: 119; Bildagentur Huber/Luca da Ros: U2-Top12-11; Bildagentur Huber/Spiegelhalter: 92; F1 online/Tips Images: 1; Fotolia.com/Jens Klingebiel: 31; Fotolia.com/B. Wetter: 94; Ralf Freyer: U2-Top12-10; laif/Barth: 113; laif/Riehle: 115; LOOK-foto/age fotostock: 138; LOOK-foto/Fritz Dressler: 103; LOOK-foto/Hauke Dressler: 24, 42, 57, 75, 101; LOOK-foto/Jan Greune: 117; LOOK-foto/Brigitte Merz: 44; Redaktionsbüro Bock-Schröder: U2-Top12-08, U2-Top12-12; Rederi AB Göta Kanal: 87; Schweden-Werbung/L. Gullachsen: 21; Klas Winter: 22, 110, 124; www.F12.se/Åke E. Lindman: 40; www.foteviken.se: 18; www.gotakanal.se: U2-Top12-06; www.gota kanal.se/Can Sahin/LCProbild AB: 104; www.imagebank.sweden.se/Göran Assner/Swedish Travel and Tourism Council: 19, 81; www.imagebank.sweden.se/Astrid Lindgrens Värld: U2-Top12-04; www.imagebank.sweden.se/Per Eriksson/Trigger Photo: 2-2; www.imagebank.sweden.se/Jacob Forsell/Pressens Bild: 34; www.imagebank.sweden.se/Peter Grant: 132, 134; www.imagebank.sweden.se/Kjell Holmner/Göteborg & Co: 9, 84; www.imagebank.sweden.se/Anders Johansson/Ölands Turist AB: 2-1; www.imagebank.sweden.se/Jacob Karström: 39, 41; www.imagebank.sweden.se/Mårten Leo: 11; www.imagebank.sweden.se/Bo Lind/VisitSweden: U2-Top12-09; www.imagebank.sweden.se/Malmö Turism: 51; www.imagebank.sweden.se/Richard Ryan: 63; www.imagebank.sweden.se/sandellsandberg: 2-3; www.imagebank.sweden.se/Frederik Tellerup/Malmö Turism: U2-Top12-01; www.imagebank.sweden.se/Henrik Trygg: 20; www.imagebank.sweden.se/Håkan Vargas S./Swedish Travel & Tourism Council: 29; www.imagebank.sweden.se/Peter Westrup/Folio: 36; www.image bank.sweden.se/Staffan Widstrand: U2-Top12-05; www.junibacken.se: 17; www.orrefors.se/Per Larsson: U2-Top12-03; www.orrefors.se/Rolf Lind: 65; www.saltosill.se: 86; Yanan Li/Stockholms stad: 123.

Polyglott im Internet: www.polyglott.de

Impressum

Wir freuen uns, dass Sie sich für einen Reiseführer aus dem Polyglott-Programm entschieden haben. Auch wenn alle Informationen aus zuverlässigen Quellen stammen und sorgfältig geprüft sind, lassen sich Fehler nie ganz ausschließen. Wir bitten um Verständnis, dass der Verlag dafür keine Haftung übernehmen kann. Ihre Hinweise und Anregungen sind uns wichtig und helfen uns, die Reiseführer ständig weiter zu verbessern. Bitte schreiben Sie uns:

Polyglott Verlag, Redaktion, Postfach 40 11 20, 80711 München, redaktion@polyglott.de

Wir wünschen Ihnen eine gelungene Reise!

Herausgeber: Polyglott-Redaktion
Autoren: Birgit Bock-Schröder und Ralf Schröder
Redaktion: B2 Text- und Redaktionsbüro Stuttgart / Wieland Höhne
Bildredaktion: B2 Text- und Redaktionsbüro Stuttgart / Nena Dietz, Polyglott
Layout: Ute Weber, Geretsried
Titeldesign-Konzept: Studio Schübel Werbeagentur GmbH, München
Karten und Pläne: Polyglott-Kartografie
Kartografische Bearbeitung: GeoGraphic Publishers GmbH / Christian Gruber
Satz: B2 Text- und Redaktionsbüro Stuttgart / Nena Dietz
Druck: Himmer AG, Augsburg
Bindung: »Butterfly«-Bindeverfahren durch Kolibri Industrielle Buchbinderei geschützt durch Gebrauchsmusteranmeldung Nr. 20 2008 013 299.1

Printed in Germany
Dieses Buch wurde auf chlorfrei gebleichtem Papier gedruckt.
ISBN 978-3-493-55907-1

Langenscheidt Mini-Dolmetscher Schwedisch

Allgemeines

Guten Morgen.	God morgon. [gu‿**morr**on]
Guten Tag.	God dag. [gu‿**dah(g)**]
Guten Abend.	God afton. [gu‿**af**ton]
Hallo!	Hej [hej]
Wie geht's?	Hur är det? [hühr‿**eh** deh]
Danke, gut.	Bara bra, tack. [bahra **brah,** takk]
Ich heiße ...	Jag heter ... [jah **heh**tər]
Auf Wiedersehen.	Hej då. [hej‿**doh**]
Morgen	morgon [**morr**on]
Nachmittag	eftermiddag [**ef**tərmiddah(g)]
Abend	kväll [kwäll]
Nacht	natt [natt]
heute	i dag [ih‿**dah(g)**]
morgen	i morgon [ih‿**morr**on]
gestern	i går [ih‿**gohr**]
Sprechen Sie Deutsch / Englisch?	Talar du tyska / engelska? [**tah**lar düh **tüs**ka / **eng**əlska]
Wie bitte?	Ursäkta? [ühr**schäk**ta]
Ich verstehe nicht.	Jag förstår inte. [jah för**schtohr** intə]
Sagen Sie es bitte nochmals.	Säg det en gång till, är du snäll. [ßäj deh‿ehn gong **till,** eh düh **ßnäll**]
..., bitte.	..., är du snäll. [eh düh **ßnäll**]
Danke	Tack [**takk**]
Bitteschön.	..., var så god. [**wah**‿schoh **guh(d)**]
Keine Ursache.	Det var så litet. [deh wahr ßoh **lih**tə]
was / wer / welcher	vad / vem / vilken [wah / wem / **wil**kən]
wo / wohin	var / vart [wahr / wart]
wie / wie viel	hur / hur mycket [hühr / hühr **mükk**ə]
wann / wie lange	när / hur länge [nähr / hühr **läng**ə]
Wie heißt das?	Vad heter det? [wah **heh**tər deh]
Wo ist ...?	Var är ...? [**wahr**‿eh]
Können Sie mir helfen?	Kan du hjälpa mig? [kann‿düh **jäl**pa mej]
ja	ja [jah]
nein	nej [nej]
Entschuldigen Sie.	Förlåt. [för**loht**]
Das macht nichts.	Det gör ingenting. [deh **jöhr** ingənting]

Sightseeing

Gibt es hier eine Touristeninformation?	Finns det en turistinformation här? [**finns** deh ehn tüh**rist**-informa**schuhn** hähr]
Haben Sie einen Stadtplan / ein Hotelverzeichnis?	Har du en stadskarta / en hotellförteckning? [hahr düh‿ehn **ßtads**kahrta / ehn hoh**tell**för**tekk**ning]
Wann ist ... geöffnet / geschlossen?	När öppnar / stänger ... [**nähr** öppnar / ßtängər]
das Museum	museet [müß**eh**·ət]
die Kirche	kyrkan [**chür**kan]
die Ausstellung	utställningen [**üht**ßtällningən]

Shopping

Wo gibt es ...?	Var finns det ...? [wahr **finns** deh]
Wie viel kostet das?	Hur mycket kostar det? [hühr mükkə **kos**tar deh]
Das ist zu teuer.	Det är för dyrt. [deh eh för **dürt**]
Das gefällt mir (nicht).	Det tycker jag (inte) om. [**deh** tükkər jah (intə) **om**]
Gibt es das in einer anderen Farbe / Größe?	Finns det i en annan färg / storlek? [**finns** deh ih ehn annan **färj** / **ßtuhr**lehk]
Ich nehme es.	Jag tar det. [jah **tahr** deh]
Wo ist eine Bank?	Var finns det en bank? [**wahr** finns deh ehn **bank**]
Geben Sie mir 100 g Käse / zwei Kilo Orangen.	Ge mig ett hekto ost / två kilo apelsiner. [**jeh** mej **ett** hektu **ust** / **twoh** chihlu appel**ßihn**ər]
Haben Sie deutsche Zeitungen?	Har du tyska tidningar? [**hahr** düh **tüs**ka **tihd**ningar]
Wo kann ich telefonieren / eine Telefonkarte kaufen?	Var kan jag telefonera / köpa ett telefonkort? [wahr kann jah telefo**nehra** / **chöh**pa ett tele**fohn**kurt]

Notfälle

Ich brauche einen Arzt / Zahnarzt.	Jag behöver en läkare / tandläkare. [jah bə**höh**wər ehn **läh**karə / ehn **tand**lähkare]